木简竹简述说的古代中国

——书写材料的文化史（增补新版）

[日] 冨谷至 著

刘恒武 译

中西书局

图书在版编目（CIP）数据

木简竹简述说的古代中国：书写材料的文化史：增补新版／（日）冨谷至著；刘恒武译. —上海：中西书局，2021

ISBN 978 - 7 - 5475 - 1675 - 1

Ⅰ.①木… Ⅱ.①冨… ②刘… Ⅲ.①汉字－书法－材料－文化史－研究－中国－古代 Ⅳ.①K875.44

中国版本图书馆 CIP 数据核字（2020）第 265080 号

MOKKAN，CHIKUKAN NO KATARU CHUGOKU KODAI，ZOHO SHINPAN：
SHOKI NO BUNKASHI
by Itaru Tomiya
© 2014 by Itaru Tomiya
Originally published in 2014 by Iwanami Shoten，Publishers，Tokyo.
This simplified Chinese edition published 2021
by Shanghai Zhongxi Book Co. ，Shanghai
by arrangement with Iwanami Shoten，Publishers，Tokyo

木简竹简述说的古代中国
——书写材料的文化史（增补新版）

[日]冨谷至　著　刘恒武　译

责任编辑	吴志宏	
装帧设计	黄　骏	
出版发行	上海世纪出版集团	
	中西书局（www.zxpress.com.cn）	
地　　址	上海市陕西北路 457 号（邮编 200040）	
印　　刷	上海盛通时代印刷有限公司	
开　　本	890×1240 毫米　1/32	
印　　张	7.625	
字　　数	171 000	
版　　次	2021 年 1 月第 1 版　2021 年 1 月第 1 次印刷	
书　　号	ISBN 978 - 7 - 5475 - 1675 - 1／ K · 359	
定　　价	58.00 元	

本书如有质量问题，请与承印厂联系。电话：021 - 37910000

目　录

《木简竹简述说的古代中国》中译本序 ⋯⋯⋯⋯⋯⋯⋯⋯ 1

第一章　关于纸的发明 ⋯⋯⋯⋯⋯⋯⋯⋯⋯⋯⋯⋯⋯⋯ 1

从高中课本谈起　纸与蔡伦　古纸的发现　纸的用途
"纸"这一名词的出现和造纸的开始

第二章　纸以前的书写材料 ⋯⋯⋯⋯⋯⋯⋯⋯⋯⋯⋯⋯ 15

甲骨和青铜器　凿刻于石材上的记录　石刻的起源　秦
刻石　刻写诏书　汉碑时代　东汉时期石碑的盛行　墓
石风潮所意味的碑和碣——石刻的名称　墓碑的起源和
形状　墓中的石刻——墓志　刑徒墓砖　黄泉国的石
刻　书写材料里的石刻

第三章　木简和竹简 ⋯⋯⋯⋯⋯⋯⋯⋯⋯⋯⋯⋯⋯⋯ 49

20世纪的新资料　木简发现史　木简研究史　简牍——
形状和用途　不同的收卷方法(一)——书籍　不同的收
卷方法(二)——帐簿　书籍诞生的前夜　单简　木简和
竹简　发现带来的困惑——为什么日本仅出土木简

第四章　简牍述说的书写世界 ⋯⋯⋯⋯⋯⋯⋯⋯⋯⋯ 89

简牍资料的魅力　四维的资料　长屋王木简和长屋亲王
宫　文字的统一　被推翻的定论　所谓的文字统一——从

文献史料和出土资料两个视角来看　李斯与文书行政　从
篆书到草书——简便性和艺术性　文书行政(一)——诏
书　地方行政·军事组织　从中央到肩水候官　元康五
年册的原貌　文书行政(二)——上报文书　书记官及其
相关问题　字书为谁而作——从流沙出土的资料谈起
文书传递——两种检　文书传递——邮亭　文书行政的
贯彻执行——邮书刺、邮书课、邮书举

第五章　楼兰出土的文字资料——木和纸的并用 ·············· 135

再谈书写材料　斯文·赫定与楼兰王国　纸制书籍　来
自楼兰的书信　木和纸的分用——簿籍　检·符和公文
书　向纸的逐步过渡

第六章　由汉到晋——由简牍到纸 ·························· 162

由文献史料看文书装帧　走向纸的时代——诏的纸色
黄纸和黄籍　总结——书写文化的变迁　向新的行政体
系转换　何谓律令制

后记 ·· 183

原著图版出处一览 ·· 187

引用简牍说明 ·· 190

中文版后记 ·· 191

译者跋 ·· 193

补论 ·· 198

第一章　简牍长度与文书行政　第二章　汉简的书体与
书法艺术

增补新版　后记 ·· 230

增订本说明 ·· 232

《木简竹简述说的古代中国》
中译本序

黄留珠

　　在当今日本治东洋史的学者之中，京都大学人文科学研究所的富谷至教授是相当杰出的一位。他对中国法制史、简牍学等均有精到的研究，著述甚丰，建树颇多，堪称学术界领军式的人物。现在，他的力作《木简竹简述说的古代中国》（以下简称《古代》），由宁波大学文学院刘恒武博士译为中文，交付人民出版社出版。作者及译者约我为该著中译本写篇序言，盛情之下，不敢推辞。现谨就我之所知，特别是拜读后的一些直感，略陈如下，以供广大读者参考，并与对此问题有兴趣的朋友共讨论。

　　《古代》作为日本著名出版社岩波书店推出的"世界历史丛书"的一种，于 2003 年 7 月 29 日出版。该著有副题曰《书写材料的文化史》，由此更清楚地表达出全书的主旨。以我之拙见，觉得此书有三个突出的特点：

一、视角新颖

　　历史研究如何捕捉新的视角，对史实做出不同以往的解释，是每个史学工作者都尽力以求的事。在这方面，《古代》一书提供了具有启迪意义的范例。该著用文化史的眼光,对秦汉时代确立和实行的文书行政,做了别开生面的考察。其紧紧围绕上起战国下至魏晋书写材料演变的主线,着重探讨了这种变化与国家行政的互动关系,正如作者所指出的那样:"书写材料在相当程度上规定着行政体系,一旦书写材料发生变化,行政制度就会受到影响,从逻辑上讲,它甚至最终影响到国家政治的变化。在简牍基础上展开的汉帝国的行政,与纸张时代的唐代的政治之间,是必然有区别的。"像这样一种学术考察的角度,以前实不曾有过。而如此一种小处入手、大处着眼、以小见大的研究路数,也是值得称道的。

二、研究精细

大家知道,研究简牍,一般地说主要是简牍文字释读,据简文内容进行分类,以及简的编年等。日本学者大大突破了这种常规的研究格局,从简牍形态、样式、书式、字体,甚至简牍材料质地等不为研究者所注意的地方入手,进行精细研究,并取得了令人瞩目的成就。《古代》一书可以说集中而典型地展现了日本学者这种精细研究所达到的水平。书中在广泛综合日本学术界自大庭脩到籾山明、吉村昌之等几代学者研究成果的同时,亦充分展示了作者本人的独到研究成果。例如关于书籍简与文档简的区别,关于古代书籍成书经过的说明,关于简册编绳编法及收卷方法的论述,关于木简与竹简的区别,关于文书的界定,关于隶书的解释等等,都体现了令人钦佩的研究精神。特别是对于人们所熟知的诸如秦帝国的"书同文"、孔子的"韦编三绝"等史实的解读,更是体现了作者善于发现、思考和解决问题的本领,凸显了其研究问题的精细。

三、雅俗共赏，图文并茂

《古代》虽为一部学术著作，但文字生动，深入浅出，章、节之间环环紧扣，衔接自如，且颇具艺术色彩。把艰深的学术问题，如此娓娓道来，让更多的读者能够看懂，并感兴趣，做到雅俗共赏，没有高超的学术驾驭能力和深厚的研究基础是难以做到的。据我所知，冨谷教授长期以来一直关注书籍文化的研究，用力于古文书学的考证。2001 年出版的由他主编的《流沙出土的文字资料——以楼兰、尼雅文书为中心》一书（京都大学学术出版会），应该说是这方面的标志性成果。收录在此书"研究编"中的他的论文《3 世纪至 4 世纪书写材料的变迁》，以及发表在同年《东方学报》（京都 47）上的姊妹篇《晋泰始令之成立》，实际上为《古代》一书奠定了坚实的学术基础，正因为有了如此的学术积累，所以《古代》一书才能够运用娴熟，"治大国若烹小鲜"，达到出神入化的地步。另外，全书还配有一百多幅图版。这些图版或进一步补充、完善书中的文字说明，或作为图示将抽象概念具体化，或直接构成书籍内容的一部分。如此图文交融，图文并茂，大大增强了全书的可读性。

当然，如果从其他角度做审视，对《古代》一书肯定还会做出别样的认识或概括。不过，在我看来，上述的三个特点却尤其值得体察与重视。

关于《古代》中译本的译文，也很有些特色，需要说一说。外文的中译，历来有直译与意译两种译法。实际上，这二者各有优劣。完全直译，难免生硬，有悖汉语表达习惯；完全意译，则容易走样，有失原文风貌。所以最佳的选择，应该是将两种译法有机结合。《古代》的中译，基本遵循直译，但也适当结合意译，既显现了原语种的韵味，又避免了过分的生硬感，处理得比较好。特别是对日语当用汉字的翻译，恰到好处，突出反映了译者熟练掌握日、汉两种语言的能力和所具备的丰富历史、考古专业知识。

最后，我想指出的一点是，这册《古代》中译本所隐含的一种特殊情结。具体说，应该叫做西北大学校友情结。原来，《古代》作者冨谷教授于20个世纪80年代初，曾在西北大学秦汉史研究室做研修学习，二十年后又受聘为西北大学海外兼职教授。《古代》中译本译者，原是西北大学文博学院考古专业的毕业生，后赴日本深造，获博士学位。而我本人，研究生亦毕业于西北大学，并一直在这所学校供职任教。从这种意义上讲，我与《古代》一书的作者、译者，均为西北大学的校友。他二人之所以嘱我为中译本作序，主要也当出于这种校友的情缘。所以《古代》一书的中译本，实际上正是西大校友间一次愉快而成功的学术合作。尽管我与《古代》作者分属不同的国家，与译者分处不同的省区，但西大校友的情结却始终把我们紧紧连在一起。不难预料，以这种西大校友情结为纽带，今后我们还将会在更广泛的领域继续进行有效的学术合作。

2006年2月26日草讫于西北大学秦汉史研究室

第一章
关于纸的发明

从高中课本谈起

纸(paper)发明于中国,8世纪传入伊斯兰世界,以后又传入欧洲,这是尽人皆知的历史事实。造纸术的西传缘起于公元751年唐帝国与伊斯兰大食的战争,根据伊斯兰方面的史料,被俘的唐军士兵中有造纸匠人,他们在造纸技术的传播中发挥了重要作用。

那么,纸在中国何时、如何被发明? 首先来看一下目前日本高中使用的世界史课本的表述:

(1) 在秦汉时代……纸被发明,取代了从前的木简、竹简,在文化史上意义重大。后来这一技术被传至西方各国。

Y社1993年

(2) 东汉的蔡伦改良造纸术,对文化的发展做出了不可估量的贡献。

D社1997年

(3) 当时是在竹札、木札上进行书写的时代,大量的行政文书以竹简、木简的形式出现……东汉的蔡伦找到更简便的材料,制成了经过改良的纸,而纸的实际普及则是进入4世纪以后。

S 社 1999 年

（4）书写文字的材料，经历了由甲骨、金属器到石材的变迁过程，到了战国时代，又转变为木简、竹简和绢布。2 世纪初，蔡伦改良了发明于西汉末期的造纸术，为纸的大量生产开辟了道路。

N 社 1997 年

（5）到汉代为止，文字记录一直书写于木简、竹简之上，东汉时期发明了造纸术，蔡伦又对其进行了改良。

T 社 1999 年

以上是五种教材对于纸在中国产生过程的阐述。

读过之后，一方面我们会觉得它们之间呈露着微妙的差异；另一方面，也会觉得各种表述中存在着含混不清的暧昧之处以及易生歧义的语句。

例如阅读比较（1）、（4）、（5）的阐述，必然会出现一个疑问，纸的发明究竟是在"秦汉时期"、"两汉末期"，还是"东汉时期"，哪一个应该是正确的？另外，如果阅读例（4）的解说，就会产生这样一种认识：文字的书写材料沿着甲骨→金属器（一般是青铜器）→石材的轨迹不断变迁，在战国时期过渡到木简和竹简。如此推论，写在木简、竹简（总称"简牍"）的文字，最初是写在甲骨和青铜器上的（事实上，在石、骨和青铜器等书写材料上记录着的只是一些特定内容的文字）。

在有关造纸的阐述中，一定会出现蔡伦的名字。然而在这里，各种课本言及"改良造纸术"，却未说明所谓的改良是由什么状态做了怎样的改良。例（4）称"为纸的大量生产开辟了道路"，事实果真如此吗(未见佐证史料)? 例(2)称"对文化的发展做出了不可估量的贡献",那么具体贡献又是什么?

在现行高中课本有关纸的发明及其影响的阐述中存在着以上疑问,在修订教材的时候,这些问题应该被指明并且得到修正。必须指出,这样的问题会引起学生的知识混乱,甚至会导致谬误的流传。

纸与蔡伦

关于蔡伦和纸的关系,在范晔(公元398—445年)编纂的《后汉书·蔡伦传》以及被认为是东汉时期分数次编纂的《东观汉记》中都有记载:

> 自古书契,多编以竹简,其用缣帛者,谓之为纸。缣贵而简重,并不便于人。伦乃造意,用树肤、麻头及敝布鱼网以为纸。元兴元年奏上之,帝善其能,自是莫不从用焉,故天下咸称蔡侯纸。
>
> 《后汉书·蔡伦传》

意为:古来文字多是写于编缀起来的竹简之上。或以缣帛为书写材料,称其为纸。缣昂贵而简厚重,两者都不方便。蔡伦用树皮、破布片、麻和渔网等等造出了纸。元兴元年(公元105年)将其进献给皇帝。汉和帝高度评价了蔡伦的才干,自此纸也被广泛使用,因此天下均称之为蔡侯纸。

> 黄门蔡伦,典作上方,作纸,所谓蔡侯纸也。
>
> 《艺文类聚》杂文所引《东观汉记》

意为：黄门蔡伦，供职于上方（尚方），制造出纸，即所谓蔡侯纸。

基于这样的史料记载，从前都是以蔡伦制纸为造纸的嚆矢，并将蔡伦视为纸的发明者。《后汉书》居正史之列，历来被誉为信史。《东观汉记》则编纂于东汉时期，至晋代（公元 265—420 年）与《史记》、《汉书》并称"三史"，书中亦有《蔡伦传》，根据唐代刘知幾《史通·古今正史》所言，《蔡伦传》是由崔寔等人于桓帝时期（公元146—167 年）撰成。这就意味着，它是在公元 105 年蔡伦进献蔡侯纸之后仅仅 40—50 年里编纂而成的，可以说是同时代的记述。

基于此，直到最近，蔡伦还保持着作为纸的发明者的历史地位。在笔者的高中时代——20 世纪 70 年代，这段知识的确也是这样被讲授的。可是，仅仅十年之间，教科书的记述就由"发明"变成"据传发明"，进而变化为"改良"，蔡伦作为纸的发明者的声誉被剥夺殆尽。之所以如此，是因为在中国各地的考古调查中，发现了时代早于蔡侯纸的古纸。

古纸的发现

早于蔡侯纸的纸最初是在 1933 年被发现的。以瑞典探险家斯文·赫定（Sven Herdin）为队长的中瑞联合考查团的中方成员黄文弼，在被称为土垠的罗布泊北岸汉代烽燧遗址中发现了一方宽 4 厘米、长 10 厘米的纸的残片。[1] 关于这片后来被称为罗布泊纸的古纸属于什么时代，可资考证的是同一遗址出土的 70 余支汉简，其中包括有纪年为河平四年（公元前 25 年）、元延五年（公元前

---

[1]　黄文弼：《罗布泊考古记》，《中国西北科学考查团丛刊》之一，国立北京大学出版部1948 年版，第 168 页。

8 年)、黄龙元年(公元前 49 年)的简牍。汉代的烽燧与当时立国于此的楼兰王国有着什么样的关系呢？楼兰被纳入汉帝国的支配体系是在汉昭帝时期(公元前 87—前 74 年)，当时汉朝廷派遣傅介子暗杀楼兰王，更其国名为鄯善，并在当地设置伊循都尉。汉朝对楼兰的经营以西汉时期为最盛，甚至出土木简的文字里还发现有"伊循都尉"一语，因此将这批出土汉简的年代定为西汉末期应该无误，同时出土的古纸也应视作西汉遗物。

　　遗憾的是，罗布泊纸在 20 世纪 30 年代的战火中化为了灰烬。所以关于它是否真的是纸，即能够满足"纯化植物纤维制成纸浆，再用竹屉滤水，使纤维素交织其上形成薄片"这样定义的纸(paper)，就不得而知了。

　　二战结束十二年后的 1957 年，在西安市东郊灞桥镇发现了一座不晚于西汉武帝时期(公元前 140—前 87 年)的古墓，那里出土了一片古纸（图 1)。[①] 1964 年和 1965 年分两次对这片古纸用显微镜进行了分析，判明它是以大麻(Cannabs sativa L)为主要原料间杂少量苎麻(Boehm-eria nivea Gad)制成

图 1

---

① 田野:《陕西省灞桥发现西汉的纸》,《文物参考资料》1957 年 7 期。

的植物纤维纸。① 将这片实物仍存的灞桥纸定为西汉时期,应该是准确无误的。但是在此还应关注灞桥纸的出土状况,根据考古报告的介绍,与古纸同出的三面铜镜,为三弦钮(钮的部分有三条弦纹),其背面分两层铸出精巧的纹饰,正面有布纹,同时残存有几块布片,纸附着于铜镜和布,似以丝状纤维制成,纸上还留有布片的纹样。②

从罗布泊纸到灞桥纸,由点到线,轮廓变得愈来愈清晰的西汉时代的纸,不久又成为一个面,其存在的真实性得到进一步确定。下面介绍四项相关考古发现。

额济纳河流域的汉代烽燧遗址是 1930 年西北科学考察团发现大量木简(居延汉简)的地点。1973 年和 1974 年,其中的 A32遗址(肩水金关遗址)出土了两片麻纸(图 2)。③ 被命名为金关纸的这两片纸的其中一片——纸 I(EJT1：011),卷作团状,展开之后

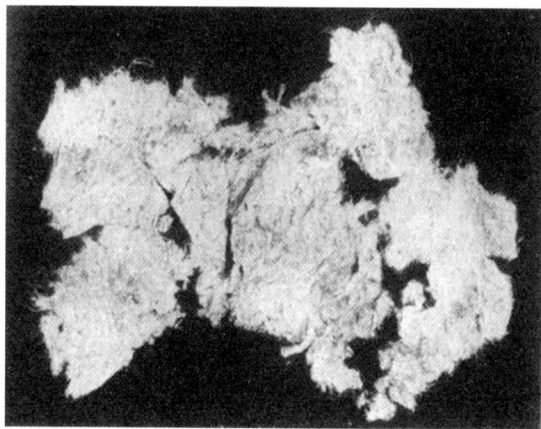

图 2

---

① 潘吉星:《中国造纸技术史稿》,文物出版社 1979 年版,第 165—168 页。
② 潘吉星:《中国造纸技术史稿》,文物出版社 1979 年版,第 78—81 页。
③ 甘肃居延考古队:《居延汉代遗址的发掘和新出土的简册文物》,《文物》1978 年 1 期。

约有 21cm×19cm 大小,呈白色,质地均一,一面光滑,另一面起毛,具备纸张细密强韧的特性。根据显微镜的分析,纸里含有大麻纤维。

另外一片,纸Ⅱ(EJP30:03),11.5cm×9cm,呈暗黄色,类似粗糙的坑边纸(一种产于浙江省的厚藁纸,主要用作便纸、包装纸),有麻筋、丝头,状似拆散的麻布块。

在纸Ⅰ出土的地点还发现了大量木简,其中时代最早的属西汉宣帝甘露二年(公元前52年)。就纸Ⅱ而言,其出土地层不晚于哀帝建平年间(公元前6—前3年)。总之,可以说两者都是蔡侯纸以前的纸。

在金关纸发现六年之后的1979年,河西走廊的汉代烽燧遗址又一次出土了西汉时期的纸,遗址地点位于今敦煌市西北95公里、东经93度45分、北纬40度21分的疏勒河沿台地(图3)。①

图 3

该地点后来被编号为遗址 D21,并被称为马圈湾汉代烽燧遗址,在20世纪初斯坦因(Stein)的调查中曾被遗漏。这里出土了多

① 甘肃省文物考古研究所:《敦煌汉简》上卷,中华书局1991年版,第104—105页。

达一千二百支的木简,而且从同一遗址的四处探方中,发现了五片纸(标识号码：T12：047,T10：06,T9：025,T2：018 两枚)。均为麻、大麻纸,尺寸最大者为 32cm×20cm(T12：047)。白色、一面平滑、一面粗糙,是其共有的特征。

中国科学院自然科学研究所和轻工业部造纸工业科学研究所对马圈湾出土的纸进行了科学分析,其详细结果载于《敦煌马圈湾汉代烽燧遗址发掘报告》,①就马圈湾纸的时代而论,因为同一地点还出土有汉元帝时期(公元前 49—前 33 年)至王莽时期(公元8—23 年)的木简,故推定其年代不应晚于蔡侯纸。

1986 年 3 月,在甘肃省天水市放马滩发现了十三座秦墓和一座汉墓,汉墓器物之中有一幅纸质地图,②置于坑内死者的胸上,仅存残片,长 5.6 厘米、幅 2.6 厘米,泛黑的纸上绘有山、河、道路等图形。根据其他伴出的随葬品,该纸的年代被推定为西汉初期文景时代。

就有关纸张的最新考古发现而言,还必须述及 1990 年至1991 年河西走廊悬泉置遗址出土的大量古纸。

悬泉置遗址位于通往敦煌市的公路干道沿线,位于东经 95.2度、北纬 40.2 度,面积达二千三百平方米,是汉武帝时期设立的"置(驿传)",即传送邮书的设施。西汉武帝至魏晋时代,该设施历经五次扩建,出土文物中最引人注目的是近二万支简牍(木简)以及同时发现的古纸(图 4)。③ 在此之前发现的古纸至多不过四五

① 甘肃省文物考古研究所：《敦煌汉简》下卷,中华书局 1991 年版,第 51—134 页。
② 何双全：《天水放马滩秦墓出土地图初探》,《文物》1989 年 2 期。
③ 甘肃省文物考古研究所：《甘肃敦煌汉代悬泉置遗址发掘简报》,《文物》2000 年 5期；柴生芳：《敦煌汉晋悬泉遗址》(日文),冨谷至编《边境出土木简的研究》,朋友书店 2003 年版,第 161—204 页。

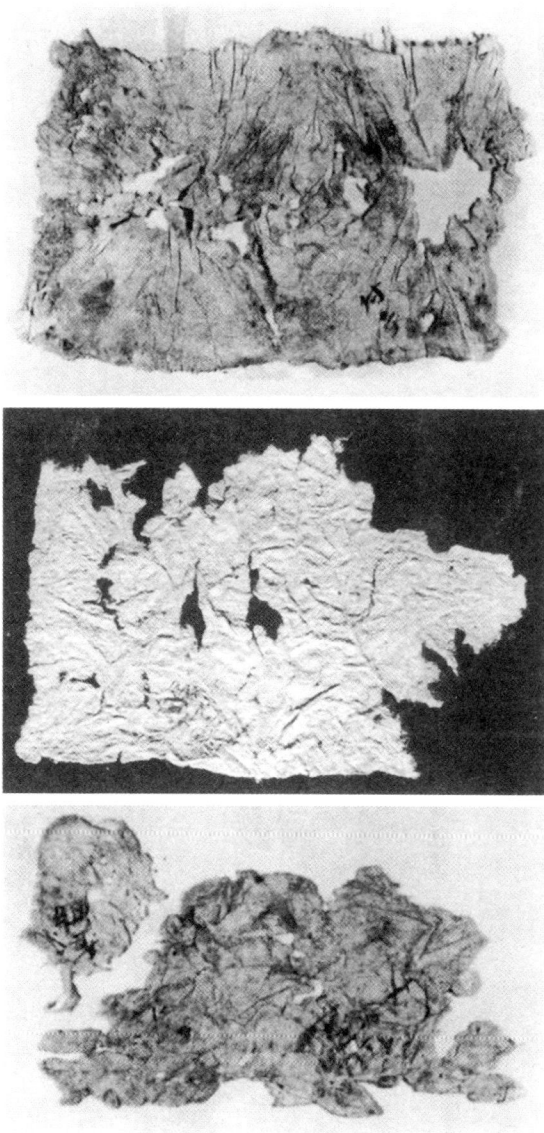

图 4

片，而悬泉出土的纸的数量接近五百片，使人叹为观止。根据发掘报告，写有文字的纸有十片，其中西汉昭帝时期的地层里出土三片，宣帝至成帝时期的地层里出土四片，还有二片属东汉时期，一片属晋代。

根据发掘报告，昭帝时期的古纸上写的文字都不过两字，有"付子"、"薰力"、"细辛"等，宣帝、成帝时期的古纸则有"持书来/□致啬夫"的字样，东汉时期的纸上发现有"巨阳大利上缮皂五匹"。

以上介绍了从1933年发现罗布泊纸到1990年发现悬泉置古纸为止的有关西汉纸的考古概况。那么以目前所知，可以得出怎样的结论呢？

纸的用途

首先，在元兴元年（公元105年）蔡伦造纸（蔡侯纸）以前，纸（paper）就已经出现，这已成为无可辩驳的事实。纸在中国制造的最早年代，比蔡伦的时代至少要早一百年至一百五十年。早期教科书上关于蔡伦发明纸的记述，逐渐遭到怀疑，蔡伦由发明者"降格"到改良者，其缘由也恰恰在于最近的考古发现。

那么《后汉书·蔡伦传》的记载，又当如何解释？潘吉星在其著作《中国造纸技术史稿》中强烈否定了蔡伦造纸说，避而不谈《后汉书》的记载所具有的意义，他的意见或许可以说代表了当今学界的大势。

的确，在蔡伦之前，纸就已经存在。然而，对于认为《后汉书》的记载没有如实反映史实而加以封杀的做法，笔者不敢苟同。概观出土的西汉古纸，会产生这样的疑问，这些纸究竟是不是用于书写文字的物品，即作为书写材料而存在的"纸"？蔡伦以前的时代，人们是否将书写功能视为纸的第一用途?

在天水出土的地图上,的确绘有线条,却未书写文字。确认有文字的仅是悬泉置出土的纸,其中可以断定为西汉纸的不过七片。悬泉置遗址出土纸的总数多达五百片,绝大多数是无字纸。为何无文字的白纸如此大量存在,如何对其进行解释? 进一步说,一片纸上书写的文字区区可数,而且是倾斜地写在纸的中心。如果是作为书写材料的纸,文字的数量和书写的位置则令人费解。将这些因素进行综合考虑,就会怀疑悬泉发现的纸是否真是作为书写材料来使用的。就笔者的看法而言,这些纸张并非一开始就是作为书写材料而备置的。虽然不能排除那些空白纸是未使用的书写材料的可能性,但是将它们看作是出于书写之外的使用目的而准备的东西会更加自然吧。

那么两汉时期纸的用途是什么? 推测范围内可能性最大的,大概是其作为包装材料的功能。无可否认,帛、布等物品的主要用途之一是作为囊——包装材料,植物纤维纸也可和它们一样用于包装。上文言及灞桥纸的出土时,曾希望读者留意有关报告提到,灞桥纸是附着于布和铜镜出土的,由此来看,它很可能原本用于包裹铜镜。

悬泉出土的西汉时期的纸也是一样,"付子"、"薰力"、"细辛"都是药品的名称,可以推测,该纸可能是用来包裹药品的。[①] 其证据是,上述文字本来只写有两字,而且写在纸的右下,恐怕包装之后其位置恰好就移到了表面可以看到的地方。

以上介绍了有关西汉纸的考古发现。在文献史料当中,也有

---

① 猪饲祥夫:《甘肃省敦煌悬泉置遗址出土的汉代的纸和药名》(日文),《汉方临床》47卷第6号,2001年。

若干关于蔡侯纸以前古纸的值得注意的记载,如果仔细探讨的话,亦会得出纸最初用于包装的结论。

在唐代杜佑编纂的《通典·礼典》卷五十八里引用了东汉郑众《百官六礼辞》,这本书记载了婚姻等六种典礼仪式的程序,其中有如下记述:

> 六礼文皆封之,先以纸封表,又加以帛囊,著箧中,又以帛衣箧表讫,以大囊表之,题检文言,谒箧某君门下。其礼物凡三十种,各内有谒文,外有赞文各一首,封如礼文,箧表讫,蜡封题,用帛帔盖于箱中,无大囊表。

在叙述六礼文的封表的语句中,所谓的"表"应该是外部包装的意思。上文意为:六礼文都要加封。首先用纸封裹,再放入帛囊,置于箧中,然后用帛将箧包裹起来,放到大囊里,题写上"谒箧某君门下"的字样。其礼物有三十种,各自内置谒文,外侧又各有赞文,封的方式和礼文同样,将箧包起来以后,用蜡粘固封题,用帛帔覆盖箧内,不用大囊包裹。

这里的纸,和帛、囊并列出现,因而并非《后汉书·蔡伦传》中包含帛的广义纸,而应该被看作是类似于 paper 的东西。郑众的逝年是公元 83 年,在蔡侯纸的时代之前。这样从文献史料中也可以证明:蔡侯纸之前,不同于绢帛的薄片状物品——"纸"已经存在。那么它和绢帛一样并不是用于书写的,而是包裹物品的。

"纸"这一名词的出现和造纸的开始

在西汉时期,"纸"这一名词或许就已经被使用。如果这一推测被证实的话,那么在纸还未成为书写材料的阶段,"纸"这一名词就已经存在,我们就此可以展开一系列有意思的考证。

在西汉期的木简里,有一枚记载了如下的内容:

五十一纸　重五斤　　　　　　　　　　　　　306.10

该简属额济纳河流域出土的所谓居延汉简,但是偏偏该简的照片已经不复存在,是否真的可以释读为"纸"字,现在已无从查证。如果该简的确有"纸"字,那么它就可以证明:在书写材料仍然是简牍的时代,与纸张实物的存在相并行,"纸"这一名词也确实已经出现。

在利用简牍展开实证的过程中,还留有疑点。"纸"这一名词也见于东汉初期的文献资料,许慎撰写的字书《说文解字》有以下语句:

纸,絮一苫也。　　　　　　　　《说文解字》十三篇上

所谓"絮",是将蚕茧浸入水中拆解而成的柔软的丝绵片,"苫"是"用来拆解絮并滤水的屈"。这样,《说文解字》对于纸的解释是:"将茧或者类似茧的东西浸入水中,拆开并使其柔软呈绵状,再用屈滤水,最后晾晒而成的一张薄片。"

许慎的《说文解字》完成于和帝永元十二年(公元100年),也就是蔡伦发明纸的五年前。蔡侯纸出现以前,"纸"的名称就已经出现,再将《后汉书·蔡伦传》的"其用帛者谓之纸——其中用帛的叫做纸"这一记载结合起来考虑,"纸"应该是用布帛一类植物纤维

加工而成的薄片的总称。大约成书于东汉末期的刘熙《释名》曰："纸,砥也","谓平滑如砥石也",也就是说,纸意味着素材光滑的薄片,这与《说文解字》对于纸的解释并无牴牾之处。但是必须指出,与布帛并非普通的书写材料一样,纸作为书写材料的地位也未确立。让我们来总结一下前文关于纸的出现的论述:

《后汉书·蔡伦传》中所谓的蔡侯纸,是纸作为书写材料实用化的开始。虽然在此之前纸已经被制造出来,但是主要的用途应当是包装或装饰。在蔡侯纸之前的古纸中,写有文字者并非完全没有,但是其上书写的文字应该是随机就便而为,这些纸张的主要用途不同于作为书写材料的纸,其道理恰恰与带字的残陶断砖不能被视作普遍性的书写材料是一样的。

将原本用于包装的纸改良为书写材料、生产并使之普及化,都是以蔡伦创制的纸,即蔡侯纸为起点的。"植物纤维纸在西汉时代已经存在。然而未被作为书写材料使用。使其适用于书写的是蔡伦,蔡伦所造的作为书写材料的纸称为蔡侯纸。"教科书应该作如是说明。

关于蔡伦是纸的创造者还是改良者,还有纸何时出现等问题,大致可以归纳出以上的结论。然而,围绕着教科书的问题并未完全解决。写在木简和竹简上的东西,之前是否被写在甲骨和石材上? 蔡侯纸以后,纸是否被大量生产,取代了木简和竹简? 纸的出现对于文化有什么样的贡献?

下面的章节将对这些问题进行一番探讨。

第二章
纸以前的书写材料

甲骨和青铜器

这里将书写文字的材料称为书写材料。从广义上来说,写有文字的物品全都符合这个条件,但是它们包括两类:其中一类,书写材料和书写的内容之间具有密切的联系,即记有特定内容的特定材料。另一类则摆脱了内容的制约,包括书籍、信件,甚至行政文书、帐簿等,是书写内容无所不包的普遍的、日常的材料。纸明显属于后者,出现于最近的 CD-ROM、软盘等等电脑的文字记录器件,或许也都可以说是正在向后者演化的书写材料。

论及中国文字和书写材料的起源,必然要谈到龟甲、牛骨和刻于其上的象形文字,即甲骨文字。应该说,甲骨正是在特定材料上记录特定内容的那类书写材料的典型。龟甲和牛骨是殷王(天子)为了从天帝和祖神获得有关政务处理的谕示而进行占卜的材料。使用之后,殷王把对于天的应答(龟裂)的解释和实际应验的结果记录在甲骨上,并借此显示殷王的权威,这就是甲骨文。

就材料与书写内容拥有密切关系这　点而言,青铜器也是一样的。铸于殷周青铜器器物内侧的铭文,通称为金文。金文的内容要比与占卜活动相始终的甲骨文丰富多彩,其中有臣下从天子处拜受领地和官职以及获得相关认可的记录，还有取得某种赠物的记录和王下达的任免命令，等等。此外还陈述以这些事件为机缘获赐或制作青铜器皿的原委，最后一般以"子子孙孙永宝用"等套语收尾。

最初青铜器是用来盛酒、水或食物的容器，其中也包括有乐器，本来用于祭祀，以后这样的功能变得淡薄，但是青铜器作为权威象征的特性则延续了下来。将殷王、周王赐封官职等事，铭铸于带有神秘威严气氛的青铜器上，充分保证书写内容的权威性，是容易理解的。因此青铜器是拥有明确意图并记载特定内容的书写材料。

进一步而言，无论是甲骨文，还是金文，书写在带有神秘性和权威性的材料上的文字本身，也被赋予了某种诡秘、咒术的性质，或者被期待着带来如此的效果。进而还可以推想，重要的不是准确传达书写的内容，而是强调某种灵验文字的排列，图像文字重在视觉感受而非读解，又有多少人能够正确理解铭铸于青铜器上的内容呢？

甲骨、青铜器是古代中国具有代表性的书写材料，但是这里能够论及的内容非常有限。石材是另一种记载文字的材料，在讲述木简和竹简之前，我们想分出一些篇幅谈谈石刻资料。

凿刻于石材上的记录

与甲骨、青铜器相比，石刻或许可以说是更为我们所熟悉的书写材料。石刻的拓本广泛流传，在陕西西安和山东曲阜，有专门收集、展示石碑而被称为碑林的陈列馆，书法艺术史上声名远扬的欧阳询、虞世南、褚遂良和颜真卿等唐代书家的作品，在"孔子庙堂碑"、"九成宫醴泉铭"、"雁塔圣教序"等著名碑石上可以看到。因此可以说,石刻是一种远比甲骨和青铜器更贴近我们的存在,喜爱并搜集拓本、法帖的机关、团体和个人,在日本多得不可计数。

在中国,石刻究竟有多少? 仅计至 10 世纪的唐末为止,数量就多达数千、数万,目前仍在陆续发现,实际状况无法把握。这些雕刻在石头上的东西,包括置于个人墓上的墓碑、放入墓中的墓志、彰显个人功绩遗德的纪功碑和颂德碑、记述石佛设立因由的造像记以及其他各种内容的石刻,尤其多的应属墓志和墓碑之类。如果言及墓石,日本那些刻有"某某家之墓",或是墓主戒名和死亡年月日的东西,也具备进入石刻范畴的条件。问中国有多少石刻这样的问题,相当于询问日本有多少墓石。

在无数的石刻之中,受到格外珍爱并被书法家和历史学家青睐的,是被称为汉碑的汉代石刻及其拓本。一方面,它拥有完美的隶书体、八分体,另一方面,其数量与后代相比十分有限,这是汉碑受到欢迎的原因。

汉碑中的传世品以及到目前为止的出土品合计有近二百通,其中九成集中于东汉时期(公元 25—220 年)。为什么到了东汉时代石碑的数量急剧增加? 虽然可以一律通称为石碑,但是同时还有摩崖、碑碣、墓碑、墓志和题记等各种各样的称呼,这些名称之间有着什么样的区别? 它们是如何起源并延续发展下来的? 本来刻字于石材上的目的又是什么? 墓碑、墓志这样的石碑形式从一开始就存在吗?

石刻的起源

关于刻字于石的行为是从什么时候开始、因何机缘兴起,虽然截至目前还不甚明了,但是据知在甲骨作为书写材料使用的殷王

图 5

朝,似乎已经开始在石上刻字了。1976 年在河南省安阳小屯发现了一座公元前 1400 年左右的墓葬,在这座被称为"殷墟妇好墓"的墓葬里有一件大理石的卧牛,其尺寸约为 24 cm×14 cm,上面刻有"司辛"两字,可能是当时的人名或官名(图 5)。[①] 但是此类物品虽可以称作石刻,但是刻的并非文章,而只是两三个文字,与后世的石刻、碑文并无直接关联。

　　就写着大量文句的石刻而言,现存北京故宫博物院的石鼓被认为是最为古老的。石鼓自唐代发现以来,就受到许多诗人、文人的咏颂,历经战乱、散佚、移动种种磨难。

　　"石鼓"这一名称只是其发现以后的通称,除此之外也被称为"猎碣"(内容与狩猎相关的刻石)。这些石鼓大小约 70 厘米,方形,花岗岩质,合计十通,侧面雕刻着用籀文这一战国时代的书体撰成的韵文(图 6)。石鼓的内容被认为是

图 6

———————————

① 中国社会科学院考古研究所:《殷墟妇好墓》,文物出版社 1980 年版,第 200 页。

战国时期秦献公（约公元前 374 年）在巡狩之际举行祭天仪式的诗文，[1]但是当初的文字已经遭到磨损，近七百字的刻文现在仅存三百余字。无论如何，有一点可以肯定，石鼓是把大量文句刻在石头上的最早的例子。

到了近代，发现了一件与石鼓时代相当的石刻。那是在 20 世纪 30 年代中期，河北省平山县的农民发现了一块被河水冲刷成圆形的石头（被称为河光石），石头上面刻有两行共十九个字，这块石头一直被保存至今（图 7）。1974 年至 1978 年，在同一地点又先后发现了三十来座战国时代的古墓，通过解读河光石的文字得知，该墓群是中山王国的陵墓。之所以得出这个结论，是因为河光石上写有国王任命的陵墓管理人和守陵人的姓名。[2]"河光石"是高 90 厘米、宽 50 厘米、厚 40 厘米的天然石，应该是一种标志性的东西。

图 7

秦刻石

公元前 221 年，秦王嬴政统一全国，开创了皇帝称号，即始皇帝。作为中央集权体制各种政策制定者的秦始皇，从公元前 219 年起至临终前的公元前 210 年为止巡游全国，在各地立碑讴歌秦

[1]　译者注：关于石鼓文，唐人认为是周文王或宣王时物，宋郑樵认定为"秦惠文王之后，始皇之前所作"。近人考证为秦国刻石，但对年代有不同看法，从春秋早期到战国其说不一。献公说仅为众多说法中的一种。

[2]　河北省文物管理处：《河北省平山县战国时期中山国墓葬发掘简报》，《文物》1979 年 1 期。

王朝的建立。《史记·始皇本纪》讲述了从"始皇东行郡县，上邹峄山，刻石颂秦德"到"作琅琊台，立石刻，颂秦德"的经过，后世把赞颂德行和功绩的石碑称为"颂德碑"，这就是"颂德碑"一词的由来。秦始皇在七个地方作颂德碑：1. 峄山（今山东省邹县）；2. 泰山（今山东省泰安县）；3. 琅琊台（今山东省诸城县）；4. 芝罘山（今山东省烟台）；5. 芝罘东观（同前）；6. 碣石山（今河北省昌黎县）；7. 会稽山（今浙江省绍兴县）。史记中记载了除第1处以外所有碑刻的原文，泰山刻石和琅琊台刻石至今还留有零散的残片。下面是琅琊台刻石的一部分（图8）：

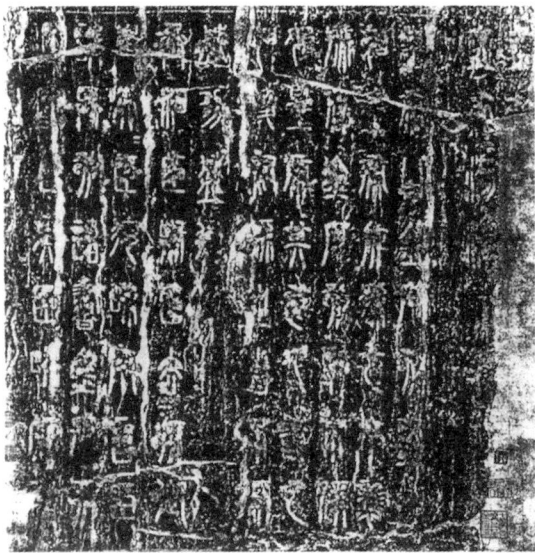

图 8

　　维二十八年，皇帝作始，端平法度，万物之纪，以明人事，

　　合同父子，圣智仁义，显白道理，东抚东土，以省卒士，事已大

毕,乃临于海,皇帝之功,勤劳本事……

　　六合之内,皇帝之土,西涉流沙,南尽北户,东有东海,北过大夏,人迹所至,无不臣者,功盖五帝,泽及牛马,莫不受德,各安其宇。

刻石的文句是韵文,内容虽然各不相同,但都可以视为向上天报告统一事业大功告成的封禅的一环,立石的场所均为泰山这样的近天圣山,也是出于同样的意图。

　　就祭天这一点而言,秦刻石与前文所说的秦献公石鼓属于同类,而且两者都是以韵文写成,可能是在祭祀时朗读的祝词一类的文章。总之可以认为,刻在石上的文章并不是把臣下、人民等现实社会的人们作为读者的。

　　刻石内容发生变化,是在秦二世的时代。年少即位的二世皇帝胡亥,仿效其父始皇巡游全国、昭示权威,由碣石向南至会稽追访刻石之地,同时在刻石的侧面雕刻秦始皇的随行大臣、侍从的姓名,又进一步补刻文句,宣明刻石是彰显始皇功业之物。

　　皇帝曰:金石刻尽始皇帝所为也,今袭号而金石刻辞不称始皇帝,其于久远也,如后嗣为之者,不称成功盛德。丞相臣斯、臣去疾、御史大夫臣德昧死言,臣请具刻诏书,刻石因明白矣,臣昧死请。制曰可。

　　　　　　　　　　　　　　　　　　《史记·始皇本纪》

秦始皇树立的石刻,只记载了“皇帝”的字样(参照前文“琅琊台刻石”),具体是哪位皇帝并不清楚。如何明示那是始皇帝的功绩?

对于这样的询问,李斯等人的回答是"按照诏书的原样刻出来,事情不就自然清楚了吗?"所谓诏书正是上文中从"皇帝"开始到"制曰可"的部分,也就是说,叙述认可(制曰可)臣下提言(臣昧死请)原委的文书内容本身即是诏书。

必须指出,秦二世这篇追刻的诏书与石鼓文、秦始皇刻石是性质完全不同的东西,也就是说,追刻与有关祭祀的祝词一类的东西是有区别的。始皇刻石并没有设想臣下、人民必须彻底了解石刻上的内容,与此对照,追刻记载着实为皇帝命令的诏书,该命令面向臣下、人民,当然也是以必须使他们理解为前提镌刻出来的。就此而言,石刻可以说又向前迈出了一步。

刻写诏书

皇帝的诏令不是刻在石上,而是刻在陶、铁、铜器之上,这种做法实际是从秦始皇开始的。秦统一后立即实施了有名的统一度量衡的政策,面向中央、地方的各官署颁布度量衡的标准器,这些物件出土品和传世品合计起来至今仍有相当大的数量。各种形状的量器、衡器、秤砣的表面全都刻有皇帝颁布的统一度量衡的诏书及印章(图 9)。

> 廿六年,皇帝尽并兼天下,诸侯黔首大安,立号为皇帝。乃诏丞相状绾,法度量则不一谦疑者,皆明一之。

这篇诏文最初是为了保证所颁布的标准测量器的公正性而刻写的,是在得到标准测量器的使用者以及各级职能官署认识和理解的前提下写下来的。即便是相同的容器,具有咒术、祭祀特性的殷

图 9

周时期青铜器的铭文,与具有实用性、法制性的诏文之间截然不同,在器皿的哪一侧——外侧还是内侧刻有文字,如实地体现了它们之间的性质差异。

作为皇帝命令的"诏书"、"制书",是对于王令的新的称法,它在秦统一之前一直被称为"命"、"令"。尽管还不清楚战国时代的"命"、"令"是否作为拥有既定公文格式、样式的官方文书已经得以确立,但是根据在 1994 年湖北省云梦睡虎地秦墓发现的统一前夕的秦国法令——睡虎地秦律可知,文书施政确实已经被条文化。

有事请殹,必以书。毋口请,勿羁请。

《睡虎地秦律·内史杂律》

意为：如果有应该报告的事务,必须使用文书。禁止口说言传。

　　秦国在战国末年便力图实现文书行政,这一点是确定无疑的。但是文书行政的进一步完善和真正确立,则迟至公元前 221 年秦统一以后。皇帝的命令贯彻下达至行政系统的末端,来自行政系统末端的报告则要准确如实地上传至中央,这是运行于大一统基础之上的中央集权国家体制发挥机能的起点。命令和奏疏都以文书的形式具体化。秦始皇实施的书体统一、公文格式化、文书传送方式的改善等等,正是以这样的文书行政为前提的政策。向民众下达皇帝旨意的诏书石刻,可以说是中央集权国家和统一帝国成立的产物。

　　关于以文书行政为核心的书体统一和文书格式,后文还会提到。需要提醒读者注意的是,"文书行政"是贯穿本书的关键词。

　　此外,以秦二世追刻的名义刻字于石这一史实还有新的延伸,中央集权的秦王朝建立以后确立起来的文书行政,以及诏令的书写和诏令内容的贯彻执行等等,这一切导致了立碑特性变化。

汉碑时代

　　用隶书及其在书体上艺术化后的八分体来撰写的汉碑全部集中于东汉时期,在书法史上与六朝、唐的楷书石刻一样受到重视。西汉时期的石刻极少,现存仅十例左右,不过是汉碑总数的二十分之一,而且大多是刻写着建造年月日、相关者姓名等"题记"一类内容的建筑石材,所刻字数也仅十余字左右,和东汉石碑无法相提并论。

　　为什么西汉的石刻如此之少? 如果秦石刻的风潮顺势波及西汉,那么刻有诏书的石碑应该更多。大概会有这样一种推测:西汉的石刻数量本来很多,但是流传至今和考古发现的遗物很少,或者因时代久远而没有保存下来。然而从文史资料能够看到的西汉石刻的状况，与东汉的石碑在数量上也相差悬殊，另外南宋洪适（公元1117—1184年）《隶释》（12世纪初编撰的汉碑的集成之作）里集录的西汉和东汉石刻在数量上的偏倚，与今日的情况完全相同。综上所述，必须承认西汉时代的石刻数量的确十分有限。

如果要探讨西汉石刻奇缺的原因，笔者认为可以作如下解释：

在石头上刻写诏书始自秦代，但是诏书的一般书写材料并不是石材，正如后文将要讲到的，通常使用的是简牍，石刻诏书始终是一种特殊的事物，诏书以外的石刻也不十分普遍。到了东汉时期，与西汉完全不同的环境以及社会意识得以形成，这导致了石刻数量飞跃性的增加。也就是说，到了东汉第一次出现了一种在石头上刻写文章、然后竖立在适当场所的潮流，大概是这一潮流渐渐流行和普及，导致了石碑数量的激增。

东汉时期石碑的盛行

东汉时期也有刻在石头上的诏书，并且不止一例，而是有多例，如果将群臣的奏书之类的公文包括在内的话，数量会进一步增加。例如三公山碑（公元146年）、张景造土牛碑（公元159年）、史晨碑（公元169年）、韩仁铭（公元175年）、弘农太守樊毅复华下民租碑（公元179年）、无极山碑（公元181年）、邛都安斯卿石表（公元181年）等等，这些碑都可以称为文书碑。

文书碑，特别是刻有诏书的最有名的碑铭，是曲阜孔庙碑林的"孔庙百石卒史碑"（公元153年）（图10）。这块碑又称乙瑛碑，内容讲述的是：曾为鲁相的乙瑛指派下级吏役（百石卒史）管理孔子庙，并且就如何筹措定期祭祀的经费提出建议并得到认可等事，这

图 10

篇碑文是上奏文＋认可（制曰可）＋执行文这种形式的诏书在石头上原模原样的刻录，碑文不仅仅记录了诏书的字面内容，而且将文书格式和样式都忠实地移写了下来。图 10 是碑文拓本，碑文第八行的"制曰可"的"制"字的位置，由于是皇帝的御词，因而比其他的字都要高出一个字的尺寸，这正是照原样引用奏文拟成的诏书的既定格式。

就一字不差地将诏书刻在石头上这一点而言，"百石卒史碑"与秦石刻的追刻、度量衡标准器的铭文没有不同。然而，虽然同样是文书碑、铭，但是立碑刻铭的意图却完全不同，东汉石碑数量激增的原因大概正是潜藏在这个差异之中。

如上所述，秦石刻、度量衡器所刻文字，其意图是使诏书的内容晓谕、贯彻至每个基层角落。立碑刻铭的发起人是下达诏书的皇帝。然而乙瑛碑真的是根据下诏者的旨意而立的吗？假如它是按照皇帝旨意立的碑，那么到底是想公布什么，又要去贯彻什么呢？设置百石卒史使庙堂管理制度化之事，即便石碑上不刻一字一句，执行中也不会出现障碍。此外，假如施政者连这种程度的事务案例都要立碑来使其得以贯彻的话，那么几乎所有的诏书都要铭刻石上，这样恐怕东汉时期的文书碑总数要增加一两位数了。

乙瑛碑不是在颁诏施政者的授意下所建，而是接受诏书的一方所立之碑，这些人即孔庙的相关人员，具体而言，就是以鲁相乙瑛为首的对孔庙管缮有贡献的人，或者他们的侧近人等。其目的是显示孔庙的管理是由皇帝保证的，同时也是赞颂对孔庙管理做出贡献的人，即采用了诏书形式的颂德碑而已，正因为如此，乙瑛碑的最后两行"赞曰"实际上是对乙瑛的表彰。

　　赞曰：……相乙瑛，字少卿，平原高唐人。……乙君察举，守宅除吏。……功垂无穷，于是始□。

曲阜碑林中，有关孔庙管理的文书碑还有一块，是公元169年所立的"史晨碑"，比乙瑛碑晚了十六年。虽然同样刻的是有关修缮孔庙的公文，但是所刻文字只有史晨的上奏文，却没有采取那种依据奏文而下达的诏书的形式（图11）。奏文毫无疑问地会被认可，然后理所当然地作为诏书发布，将被否定的奏文刻于石上之类的情况应该不会发生。

　　然而史晨碑没有采取诏书的样式，只是采用了前一部分的上奏文，仅从这一点来看，可以认为史晨的上奏已经充分达到了他的目的，竖立史晨碑的目的正是彰显史晨的业绩。再者，碑的背面，即碑阴，以史晨的上奏文为先导，整整一面记载了包括他担任鲁相期间的在任事迹，这一部分纯粹是史晨个人政绩的昭示。相比之下，乙瑛碑在诏书之后，只用了仅仅两行文字记述乙瑛的个人功绩，而史晨碑对史晨的表彰则扩大到碑阴的全部。

　　碑刻从最初的刻录诏书，发展到缺失"制曰可"三字，刻录上奏文，并以记载个人功绩的内容覆盖整面碑阴。这虽然可以解释为，该时代的文书碑原本就是刻写官方文书，意在于彰显个人业绩，但是更应该指出，这是颂德碑借用官方文书形式所产生的必然结果。

　　文书碑里除了以歌功颂德为目的的碑石以外，还有刻写着保证免除邑里赋税的文书的碑石，例如张景碑和邛都安斯卿石表等碑石。这些碑石的意图应该是：获得某种权利的一方，通过将当时颁布的文书刻写于石上，公开并宣明既得权益。本来，在碑石上还记载着为赢得权益尽力的人物的姓名，具有表彰他们馈报邑里

图 11

行为的效果。

墓石风潮所意味的碑和碣——石刻的名称

在直接记述个人功绩的石刻中，那些纪念在道路营建中有功人物的石刻，大多以雕刻于现场悬崖石壁的摩崖碑的形式留存下来。

还有一类是树立于墓旁赞颂故人遗德的墓碑，汉代名碑中的北海相景君碑（公元143年）、泰山都尉孔宙碑（公元164年）、博陵太守孔彪碑（公元171年）、豫州从事尹宙碑（公元177年）等，都属于墓碑，内容则是颂德碑的内容。

在明末清初考证学者顾炎武（公元1613—1682年）所著的《日知录》里，辟有"生碑"的条目，列举了为在世者立颂德碑的例子，称文献中所见最早的生碑的例子是在王莽时代。顾氏在此考证生碑是因为：与常见的死后置立的墓碑相对应，还存在着张迁碑（图12）（公元186年）、曹全碑（公元185年）一类的碑石，它们是地方官转任的时候，吏民为赞颂其善政而树立的。另外从文书碑、摩崖碑不记载所表彰的人物的卒年来看，它们也应该树立于生前。生前之碑、死后之碑、文书碑、摩崖碑，还有墓碑，其立碑的理由有若干，雕刻的内容、树立的场所也随之各有不同，但是最终全都是称赞个人功绩的颂德碑。这里必须要问的是，这种彰显个人德行的石碑为何出现于东汉时期？

不少石碑在碑阴占用两三段空间列举数十名人物，这在墓碑上表现得尤其显著。被列举的人冠有"故吏○○"、"门生某"、"弟子某"等等名号。"门生"本来意指投入某师门下钻研学问的学生，但是到了东汉，"门生"师事的对象不再是学问上的授业者，而变成了达官权贵，"门生"也用来专指那些攀附权门的书生。

另一方面，"故吏"本来只是"过去之吏"的意思，不久就转变为

图 12

这样一种特殊定义："受聘于特定高官，并隶属其下者，当其转任他职之时被称为故吏。"①

故吏、门生的名字被刻在碑阴，正是因为他们在立碑之际解囊

---

① 镰田重雄：《汉代的门生故吏》(日文)，《东方学》第 7 号，1953 年；川胜义雄：《门生故吏关系》(日文)，《六朝贵族制社会研究》，岩波书店 1982 年版，第 257—302 页。

出资,在一些碑石上还刻有筹集金额的数目。那么,为何会出现如此情形,这样的石碑在东汉时期引人注目的理由又在哪里呢?这应该与当时的选官方法以及儒家的礼教主义有着很深的关系。

这里要提及"乡举里选"这一历史用语。它指的是推行于汉代、特别是东汉时期由太守和都尉等地方长官推荐贤才的选官办法。推荐者每年以乡里人物评价为准绳,这里的所谓评价,强调是否有躬行孝悌、清廉等儒教之德,与"孝廉科"的选考标准是一致的。这种以荐举为基础的官吏选用制度,所依据的就是儒家经典《周礼·天官·小宰》、《周礼·地官·乡大夫》和《礼记·王制》等。

虽说以乡里评价为本,地方官推举的候补者实际上以自己属下的官吏或门生居多。当时门生成为侍奉高官之书生的根由反映了这种官吏选用的实情,成为门生是踏入仕途的第一步,正如现在追随大腕政客、派阀首领的秘书和文员依靠政客的支持跻身政界一样。

受推荐者可以说是地方长官的"门生"、"故吏",可以想象,这种门生、故吏关系属于纯粹私人性的恩义关系。清代赵翼《廿二史札记》里有"后汉尚名节"的条目,其中列举了不少无视公权、保全私人恩谊的门生、故吏。例如面对惨遭诛杀、连遗体也禁止收殓的故主,有敢于冒犯刑法以父母之礼安葬者,有在故主死后继续济助其遗族者。

儒教的渗透对此有推波助澜的作用。西汉武帝时设立博士,儒教成为国家认可的学问,其作为官学的地位得到保证。儒教思想的根本是礼教主义,即对于礼的重视和实践,东汉正是礼教主义充斥意识形态领域并被付诸行动的时代。①

被荐举为孝廉者，当然会被问及如何忠实履行礼的规定。毕竟这样的实践超越了中庸，甚至趋向极端，出于礼的实践，特别是对于葬礼的重视，作为葬礼一环的墓碑的竖立在东汉兴盛起来。

果真可以断言，礼教的实践及其具象化的颂德碑的义捐，是门生故吏们出自真心的行为吗？当时的社会果真与现在不同，是重视道德伦理和礼仪的乌托邦吗？笔者并不这样认为，不可能所有的故吏、门生都无视公法来保全对于师长的恩义，因为这种关系的本质归根结底是功利的、谋算的，很难想象，谋算可以升华为孝廉。无论今昔，事理总是一样的，希望立碑颂德者无法拒绝义捐，排除在纳捐者的名单之外也有失体面，这样的环境应该是促使众人采取一致行动的根由吧。

但是在此必须指出的是，尽管多数人处于勉勉强强、不得已而出资的境况，然而东汉时期确有一种让轻视礼教实践者感觉到某种不自在的风潮，颂德碑的盛行正是由此产生，它是一种秦代和西汉时期还未酿成的普遍性的社会观念。

建安十年（公元 205 年），曹操对流于奢侈的葬礼十分不满，发布了禁止厚葬和立碑的命令。

> 汉以后，天下送死奢靡，多作石室、石兽、碑铭等物。建安十年，魏武帝（曹操）以天下雕弊，下令不得厚葬，又禁立碑。
>
> 《宋书·礼志》

---

① 宫崎市定：《汉末风俗》（日文），《亚洲史研究》第二，同朋舍 1974 年版，第 95—129 页。

这是曹操下发的有名的立碑禁令，为什么这条史料仅见于南朝萧梁时期沈约编撰的《宋书》，而且建安十年曹操还只是中原之主，立碑的禁令贯彻到何种程度还不明了。尽管如此，作为树碑之风一直盛行到东汉末年的例证，这个禁令的史料价值应该得到肯定。

以上叙述了颂德碑和墓碑等的产生，到此为止，不经意间笔者一直把石刻称作"碑"和"石碑"，实际上，每种不同形状的石刻都被赋予了不同的称呼。上面已经讲到过，利用天然的岩壁雕刻文字于其上者，称为"摩崖"。此外，立于祠道和坟墓神道的石门叫"阙"。碑文、墓碑和石碑等带"碑"字的词语严格说来，是与"碣"相对的具有特定形状的石刻名称。

东汉许慎《说文解字》九篇下解释说："碣，特立之石"，意思是单独仁立的石头。上小下大、接近自然石形状者为"碣"，与之相对，头部削为圆形和三角形，作版状直方体的石刻为"碑"。① 然而如果说汉代以来就区分"碑"、"碣"的名称，而且将石碑和石碣区别开来加以竖立，笔者是有异议的。

首先，在汉碑中，设有题额——写着表题的碑头部分的碑并不少，刻有"○○之碑"者最多，"○○之碣"的题额则一例也没有。并非以石刻为含义的"碣"这个词不存在，在《说文解字》里有"碣"字的说明，在《汉书》作者班固起草的记载汉和帝永元元年（公元89年）窦宪赴征匈奴功绩的石碑中，也有"封神丘兮建隆碣"的语句，"碣"（碣）的意思就是刻石。

---

① 永田英正：《汉代石刻集成·概说》（日文），同朋舍1994年版，第321—349页；马衡：《中国金石学概要》，《凡将斋金石丛编》，中华书局1999年版，第65—114页。

唐代李贤给"隆碣"上加注曰："方者谓之碑,圆者谓之碣。碣,碣也",指出"碑"和"碣"意思的差异。的确,在唐代"碑"和"碣"被对置起来加以区别,唐令《丧葬令》规定了碑和碣各自的规格,拥有五品以上官品者可以立碑,七品以上者可以立碣。

> [丧葬令]诸碑碣,其文须实录,不得滥褒饰。五品以上立碑,螭首龟趺,趺上高不得过九尺。七品以上立碣,圭首方趺,上高四尺。

该规定以隋令为基础,在《隋书·礼仪志》里也有同样的令文。碑和碣的区别,在唐代的丧葬令里,当根据官品区分形制、进行等级化的时候,大概作为制度用语也被赋予了不同的意味。3 世纪末的晋代《丧葬令》中有这样的规定:

> 诸葬者,皆不得立祠堂、石碑、石表、石兽。
>
> 《太平御览》卷 589 所引《晋丧葬令》

在这里,只记有"石碑",没有提出其特别的不同之处。

总之,在汉碑的时代,铭刻个人功绩和生前业绩的石头称为碣,也称作碑,《说文解字》九篇下曰:"碑,竖石",甚至可以称作铭,《说文解字》十四篇上曰:"铭,记也。"可以断定,它们之间并无特别的差异。

墓碑的起源和形状

本书在后文用"碑"、"碣"这样的词语来指一般的石刻和石碑,

不打算像唐令那样将其区别对待。关于碑的起源，目前有两种
说法。①

　　一说认为它是来自宗庙门内树立的石柱，这种石柱是用来拴
绑用于祭祀的牺牲的，后来在其表面铭刻文字。下面《礼记·祭
义》中的文句可以作为根据：

> 祭日，君牵牲，穆答君，卿、大夫以序从，既入庙门，丽碑。

汉代的墓碑上部有孔（图 13），这是穿系绑缚牺牲绳索的遗痕，在
一些碑上见到的所谓圭首的三角形头部，据说是为了疏散雨水的
设计。

　　还有一种说法认为，石碑起源于向地下卸棺时用作支撑的石
柱。对相向而立的两块碑穿入一个轴，系上滑轮缠上绳子，绳子一
端绾到棺上，另一端连在碑的头部，由人牵着把棺材卸到地下。
《礼记·丧大记》有这样的记载：

> 凡封用，去碑负引。

另外，《礼记·丧服大记》中也有关于碑的记载：

> 君葬用，四绰二碑。

---

① 　永田英正：《汉代石刻集成·概说》（日文），同朋舍 1994 年版，第 321—349 页；水
　　野清一：《碑碣的形式》（日文），《书道全集》第 2 卷，平凡社 1965 年版，第 30—
　　36 页。

图 13

"封"是指将棺卸入墓穴。"綍"是纲,"负引"是指背负引绳。一些墓碑的顶部呈圆形,雕有弯曲的沟(晕),有人将其解释为最初木质支柱上绳子痕迹的模仿,也有人将其解释为滑轮的遗痕。

这两种关于墓碑起源的说法,都是以儒家经典的记载为基础的。它们之间的共通之处是,都认为碑的出现与刻字和原本是用作他途的石柱这种行为有关。必须指出,把碑的起源与宗庙、葬礼等儒教礼制联系起来加以说明,总有些不自然。宗庙中有类似门阙的石柱,是十分可能的,有系牺牲的桩子也是可能的。但是桩子不久变成带孔的石柱,上面又有了刻字,这种论见也未免过于迂阔。

就墓穴旁边的石柱而言也是如此。在卸棺的时候,即便是使用滑轮,有必要特意竖立穿孔位置等高的两方石柱吗?而且晕和圆形的头部象征着引绳和滑轮这种解释也不太现实。况且古墓旁边竖立着顶部开孔、不刻一字的两块石头的例子至今闻所未闻。

《礼记》何时成书还不明确,据推测大约在汉初有了现行本的体裁。然而记载的内容是礼制的理想形态,绝不是立足于现实制度的东西。把碑的起源与丧礼、宗庙、牺牲和棺等等联系起来的想法,只通用于《礼记》的世界。

碑的起源,归根结底正如前文所述,肇始于祭祀之际把对天的祷辞刻于石上这种行为。为了保持祭礼的永恒性,石头这种具有耐久性的素材被利用,石鼓、秦刻石就是如此。竖立在离天最近的山顶的石刻是一种象征,在那里刻的是祝词一类的文字。不久,文书碑出现了,它是为了体现面向一般民众的命令的绝对性和恒常性。然而这种文书碑是由皇帝和统治者在特殊的场合树立的,西汉时期还没有出现人臣立碑的情况。到了东汉,立碑的目的变为彰显个人的业绩,博取乡里好评,倡导礼教实践。总之,立碑的主体从少数的统治者转到了不特定多数的被统治者,颂德碑的数目以秦汉时代无法比拟的速度增加了,如此追溯石碑的变迁大概更加合理吧。

然而,还有两个问题悬而未决。一是这里所说的石刻始终限定于立于地表的石碑,而刻着文字的石头还有置于地下、墓中的。应该考虑到,地上的石刻和地下的石刻各自有不同的读者,起源和性质也有差异。还有石碑的形式,具体而言,包括带穿和晕的圆顶墓碑,还有三角形顶的墓碑,如果把它们与牺牲、滑轮和引绳等《礼记》的记述切离开来,还需要对其寓意进行新的探讨。

就后者而言,可能与木简的形状有很深的关系,我们在后章论述简牍时将对此再进行考证,现在先就前一个问题——地下的石碑做一番考察。

墓中的石刻——墓志

置于棺前和墓道的地下石碑,被称为墓志或墓志铭。墓志从5世纪的北魏时代起数量骤增,到了唐代,数不胜数的墓志被制作出来。出土墓志以洛阳邙山古墓为最多,时至今日也还不断被发现。

围绕着墓志如何发展兴盛的问题,有一种说法认为,东汉时期的墓碑由于上文所说的立碑禁令而向墓中转移变成墓志。①

墓志的起源及其发展这个问题,需要从刻文内容和墓志形状两个方向进行考虑(特别要注意的是,西晋的墓志是东汉墓碑的小

① 中田勇次郎:《中国的墓志》(日文),《中国墓志精华》,中央公论社 1975 年版,第9—25 页;福原启郎:《西晋墓志的意义》(日文),砺波护编《中国中世的文物》,京都大学人文科学研究所 1993 年版,第 315—370 页。

图 14

型化），强调的重点不同，得出的结论也不相同。首先就刻文而言，将墓主的姓名、履历、死亡年月等刻在石上放入墓中的情况在东汉时期已经有了。除了 1929 年洛阳邙山出土的"贾武仲妻马姜墓志"（公元 106 年）之外，还有"缪宇墓志"（公元 151 年）、"许阿瞿墓志"（公元 170 年），它们都拥有与后世墓志共通的记载内容。

图 14 令人一目了然，"缪宇墓志"和"许阿瞿墓志"实际是刻在墓内画像石上。一般认为，画像石是墓主往赴冥界的图景，是描绘冥界生活的东西。那里刻着的墓主的姓名和履历，也就是画像石上添加的题记，有人由此认为后世的墓志就是从画像石的题记独立出来的。[①]

刑徒墓砖

虽然没刻在石头上，但是在类似的砖上铭刻埋葬者姓名、死亡年月日以及身份，与遗体一起放置在一起的做法，从秦代起就有了，这在近年的考古发掘中已经得到确证。

1979 年 12 月，在距秦始皇骊山陵西南 1.5 公里的临潼县晏塞乡赵背村发现了 100 余座秦墓。这些长方形的竖穴式墓，深 1.2—1.7 米，墓的间隔不足 1 米，一个墓穴平均埋葬 2 或 3 人，多者 14 人。这些墓中还发现了记有埋葬者简历的墓砖 18 方。[②] 在此列举两例（图 15）：

[①] 日比野丈夫，《关于墓志的起源》（日文），《江上波夫教授古稀纪念论文集（民族·文化）》，山川出版社 1977 年版，第 181—192 页。

[②] 始皇陵秦俑坑考古发掘队：《秦始皇陵西侧赵背户村秦刑徒墓》，《文物》1982 年 3 期。

> 东武居赀上造庆忌
>
> 兰陵居赀便里不更牙

图 15

"东武"、"兰陵"是县名，"居赀"是指被处以财产刑者以劳役支抵，"便里"是乡里名，"不更"、"上造"是秦汉时代授予庶民的爵名，最后的"庆忌"、"牙"应该是埋葬者的名字。

墓砖的内容分别是：东武县服居赀刑拥有上造爵的庆忌；兰陵县便里服居赀刑拥有不更爵的牙。

同类物品在东汉时期也有。1964 年河南省洛阳市偃师县发现了与秦代一样的竖穴土坑墓 500 余座，各土坑平均出土 1 或 2 方墓砖，均为 20 cm×10 cm×30 cm 的建筑用砖，合计 800 余方，与遗体放置在一起。[①] 在砖表或者表里两面用刀子一类利器刻着埋葬者的姓名、郡县名、身份以及死亡年月日。例如有如下的刻文：

---

① 中国社会科学院考古研究所洛阳工作队：《东汉洛阳城南郊的刑徒墓地》，《考古》1972 年 4 期；冨谷至：《秦汉刑罚制度研究》，京都大学学术出版会 1998 年版，第 95—119 页。

右部无任河南东海郯鬼
薪张便永初元年五月廿八日
物故死在此下

无任河南洛阳髡钳赵巨
元初六年闰月四日物故死
（图16）

见于刻文的"髡钳"、"鬼薪"是汉代
劳役刑的刑名，墓里埋葬的为刑
徒，出土的砖明显是与刑徒有关
的墓砖。两例之中的前者意为：

图16

属于右部、无任（无保证人）的河南东海郡郯县狱收监的鬼薪
刑徒张便，永初元年五月二十八日死亡，埋葬于此。

与被葬者一起放在墓中的这些刻文，没有刻写在石头上，而是
刻在砖上，特别是建筑用砖的残块上，从事土木工事的劳役刑徒死
亡之际，在近旁的砖上刻上死亡年月日、死者姓名放入墓中。所以
这些砖最初并不是特意用来刻写墓志的，假如刻在石上也无妨，从
这个意义上说，它与石刻的墓志属于同类，可以视为石刻墓志的
原型。

而且秦汉墓志并不专属于上层人物，相反是庶民以下的刑徒
的所有物。如果考虑到刻在画像石上的"贾武仲妻马姜墓志"（公
元106年）与刻着永初元年（公元107年）的年月口的洛阳刑徒砖
属于同一时期，那么就可以说，与遗体一起埋葬墓志的行为早在秦
代就开始了，到了东汉时期成为一般的习惯。如果变换一下视点

来理解画像石的题记,与其说是在画像石上刻出墓主的履历,倒不如说是把画像绘在墓志上。

图 17

从以上的考察来看,对于墓碑逐渐变为墓志,盛行于东汉时期的墓碑由于曹操的立碑禁令而移入墓中这样的见解,笔者不敢苟同。诚然,魏晋立碑之禁或许给墓志的变迁带来了影响。晋代墓志有穿和晕、头部作圆形或圭形的不在少数,明显是考虑到了汉碑形制而将其小型化的东西。这种形制的墓志中,现在确认的最早的例子是纪年为太康八年(公元 287 年)的王君残墓志(图 17),晋武帝的墓碑禁令颁布于早其十年前的咸宁四年(公元 278 年)(《宋书·礼志》),由此看来,该墓志受到立碑禁令的影响是十分可能的。

但是再重复一遍,立碑之禁始终应该被看作是加在秦以来墓志发展序列上的外压。地上竖立的墓碑和地下埋葬的墓志,两者放置场所不同,因此其起源和目的也各不相同,所预期的碑文读者也应该不同。关于地上墓碑的形成、目的及其读者,前文已经做了详述。颂德和乡里的评价,还有礼教主义的实践,这些都是现实世界的事,大概不会通用于墓穴之中吧。在墓中的石刻上雕刻捐金名簿者本来也是不存在的。

那么,墓志的目的是什么呢? 为什么把未经世人瞻睹的石刻埋藏地下呢？

黄泉国的石刻

墓砖和所谓买地券，在西汉
时期就已经存在了。将购买墓
地时交换的契约文书刻在铅、砖
和石等材料上，将其随葬到墓
中，这样的东西实际上是把真的
文书誊写到有耐久性的书写材
料上制成的仿制文书。下面列
举一两个实例(图 18)。

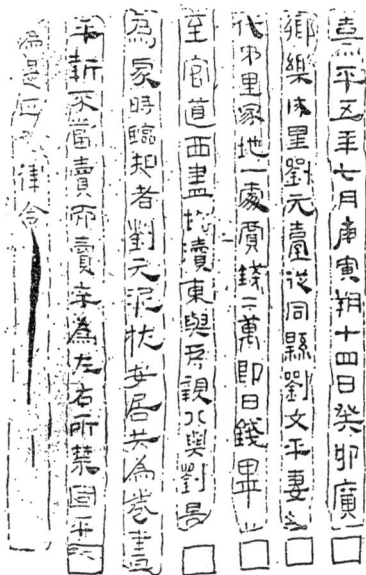

图 18

熹平五年七月庚寅朔
十四日癸卯，广□乡乐成里
刘元台从同县刘文平妻
□□代夷里冢地一处，贾钱
二万，即日钱毕。□至官道，西尽□渎，东与房亲，北与刘景□
为冢。时临知者，刘元泥、沈安居，共为卷(券)书平折。不当
卖而卖，辛(辜？)为左右所禁□，平□为是正，如律令。[1]

意为：熹平五年(公元 176 年)七月十四日，广□乡、乐成里的刘元
台从同县刘文平之妻那里购进代夷里的墓地一处，价额为二万钱，
当日支付。(南)至公道，西及□渎，东与房亲的土地相接，北与刘

---

[1]　蒋华：《扬州甘泉山出土东汉刘元台买地砖券》，《文物》1980 年 6 期。

景□相接，修建墓地。当时在场的有刘元泥、沈安居，一起做出契约书进行交换。不应该卖而卖，问犯禁之罪，按律令处置。

　　这样的买地券在汉以后、六朝和唐继续存在，但不久就由现实的买卖文书的仿制变为荒唐无稽的、咒符性的东西了（图19）。

> 五凤元年十月十八日，大男九江黄甫年八十，今于莫府山后南边起冢宅，从天买地，从地买宅，雇钱三百。东至甲庚（乙），西至乙（庚）辛，北至壬癸，南至丙丁。若有争地，当诣天帝。若有争宅，当诣土伯，如天帝律令。[①]

意为：五凤元年（公元254年）十月十八日，九江的大男黄甫，年龄80.岁，现在在莫府山南边作冢宅，从天那里买墓地，从地那里买墓宅，价格三百钱。东至甲庚（乙），西至乙（庚）辛，北至壬癸，南至丙丁。如果有墓地的争议，应该去天帝那里。如果有墓宅的争议，应该去土伯那里，如天帝之律令。

　　无论内容是现实的，还是荒唐无稽的，为什么把这样的墓券与死者埋葬在一起呢？这

图 19

---

① 　南京市博物馆：《南京郊县四座吴墓发掘简报》，《文物资料丛刊》1983年8辑。

与当时对于死后世界的认识有很深的关系。

人一旦死去,灵魂与肉体将去往何方?关于死后世界的认识,现代和古代都有多种多样的想法,不可一概而论。汉代流行的观念是,死者在地下的冥界过着与生前一样的生活,在地下模仿咸阳宫殿的秦始皇骊山陵就是其典型体现,以兵马俑坑为始,今天还在不断出土的秦陵遗物清楚地证明了这一点。

墓中放置的随葬品关联着死后世界的生活,有的物品则是为了让冥界中死者的生活得到安宁,带着防范邪鬼、邪气的侵扰这一目的埋葬下去的。所以买地券正是在冥界显示死者对于墓地占有权的物品,其中最重要的是,埋葬起来的墓主姓名和履历,必须在冥界明确地加以公示,否则死者的生活就得不到保证。

"如果地下还埋葬着陪葬者,男为奴,女为婢,是某某(墓主姓名)的杂役",记有这种文句的买地券发现了不少。为了向冥界告知墓主是何人物、埋葬何处,墓志是必要的,即使是刑徒的身份,那也是必要的。刑徒死后同样要向地下世界说明自己是秦始皇的劳役刑徒,墓中放置墓志的意义就是由此产生的。

书写材料里的石刻

石刻可以分为两类:地上立的石碑和地下墓中放置的墓志,两者的起源和性质各不相同。地上的石刻是现实世界的碑,就其所设定的读者而言,由皇帝竖立的石刻,其读者是臣下和人民,个人的颂德碑,其读者是构成乡里社会的现世的人。另一方面,地下的石刻则是冥界的墓志,读者是黄泉国的神灵或邪鬼。性质迥异的墓碑、颂德碑和墓志一开始就分属于不同的范畴,不能将两者放到一条单线的序列里去。

　　以上就石刻作了一番叙述,现在返回到书写材料这一点上进行总结。石刻本来与青铜器一样,材料和记录的内容之间有着密切的关系,无疑是一种特殊的书写材料,它是利用耐久性和恒久性等石材的性质,带着将刻写的内容永远流传后世的期待制作的。另外,立碑要受到场所的限制,碑必须被放置在适当的地方,故而它又是一种必须竖立起来的书写材料,至此笔者想明确地指出,"书写文字的材料,经历了甲骨、金属器和石材,不久变成纸"这样的说法是错误的,教科书上的表述应该订正。

　　那么,在纸之前,发挥着纸的功能、记事内容不受材料制约的普遍的书写材料是什么? 它就是木简和竹简,接下去我们就谈谈木简和竹简。

第三章
木简和竹简

20 世纪的新资料

书写文字的木札——"木简"这个词,在目前的初高中课本上一定找得到,在笔者的高中时代这个用语还鲜为人知。在三十年前,①恐怕甚至专业的史学家,如果不是古代史的专家,或许还不甚了解木简为何物、作为历史资料具有什么样的价值。这是因为,木简是一种到了 20 世纪才被发现的新的历史资料。

作为书写材料的纸被发明之前,中国以木札作为书写材料,这虽然从两千年前的文献史料中已经明了了,但是其实物并不像青铜器和石刻那样两千年前就已流传。木简缺乏耐久性,不能期待它能像石材和青铜器那样保存、流传直至未来,随着纸张出现并成为普遍的书写材料,木简不久就销声匿迹了。

木简到了 20 世纪初始,如同从两千年的睡梦中醒来一样陆续现世,从散布于新疆、甘肃、内蒙古等中国西北的沙漠地带已成废墟的遗址中重见天日。沙漠地带极度干燥的自然条件,能够使木简未遭朽蚀地保存下来,这一地区的木简到了 21 世纪仍在陆续出

---

① 译者注:这里的三十年前系指日本的情况而言。

土,数目超过了十万支。

　　中国在 20 世纪初发现了木简,其后不久,日本也发现了木简。1928 年发掘的三重县柚井遗址和 1930 年发掘的秋田县拂田栅遗址都有木简出土,这与 20 世纪 60 年代以后平城京大量出土的木简衔接在一起。20 世纪末,中国、日本和韩国出土木简的数量已经十分庞大,成为古代史研究必不可少的资料。事实上,由于木简在历史研究中的利用,古代史领域可以说有了飞跃性的进步。今天甚至初高中教科书都对此加以介绍,这说明木简是何等重要的资料。

木简发现史

　　20 世纪初木简的发现史,在目前的概论性书籍中都有介绍,作为 20 世纪现代史的一部分,仅仅追溯其经过就很有意思。木简的发现以 1901 年英国探险家奥雷尔·斯坦因(Aurel Stein)在塔里木盆地南缘的尼雅遗址发现三四世纪中国晋代五十支木简为嚆矢。[①] 一个月后,作为瑞典探险家斯文·赫定调查探寻梦幻之湖罗布泊位置的成果,在干涸的罗布泊湖床的西端发现了被推定为楼兰王国遗迹的废墟,并且在遗址中找到晋代木简一百二十余支。[②]

　　此后的 1907 年在敦煌一带进行调查探险的斯坦因,又在散布于河西走廊的汉代烽燧遗址中发现了七百余支木简。这类被称作

---

① Stein, M. A. *Les Documents Chinois decouverts par Aurel Stein dans les Sables du Turkestan Oriental*, Oxford, 1913, pp. 1 - 232.

② Hakan Wahlquist:《西域考古学的诞生和开展》(日文),冨谷至编《流沙出土的文字资料》,京都大学学术出版会 2001 年版,第 3—80 页。

敦煌汉简的汉代木简出现的数量相当庞大,斯坦因搜集的敦煌汉简,与后来进行的第三次探险(1913—1916 年)得到的简牍,合起来达到九百枚。[①]

二十余年后的 1930 年,在横跨今日的内蒙古自治区和甘肃省的额济纳河流域的汉代烽燧遗址发现了十倍于敦煌汉简的木简。这就是在斯文赫定与中国联合组织的"西北科学考查团"(Sino-Swedish Expedition,斯文·赫定任队长)的调查中,考古学家福克·贝格曼(Folke Bergman)发现的所谓居延汉简。[②]

敦煌汉简和居延汉简的发现,是第二次世界大战以前,欧洲探险队在丝绸之路遗迹调查中的收获。到了战后,这种新资料以从未预料过的质和量呈现在我们面前。

第二次世界大战后的 20 世纪后期,中国内地古墓的出土物引人注目,而且与木简同时,还发现了竹简。木简和竹简合起来称为简牍,墓葬简牍的发现,以 1951 年长沙五里牌 406 号墓出土的三十八支楚简为最早。[③] 此后,墓葬简牍的数目突飞猛进,简牍内容也引出一个又一个激动人心的话题。

1974 年,山东省临沂县银雀山一号墓出土了约五千支竹简,其中与学界一直争议的孙子兵法相关的发现,除了现行十三篇《孙子》及其佚篇,还有那部扑朔迷离的兵书《孙膑兵法》。[④]

1975 年,湖北省云梦睡虎地秦墓出土一千余支法律方面的竹

---

① Stein. M. A. *Les Documents Chinois de la Troisieme Expedition de Sir Aurel Stein en Asie Centrale*, The British Museum, London, 1953, pp. 1 - 231.

② Bergman, F. *History of the Expedition in Asia 1927—1935*, Part 5, Stockholm, 1945, pp. 3 - 192.

③ 骈宇骞、段书安:《本世纪以来出土简帛概述》,万卷楼(台湾)1999 年版,第 8 页。

④ 银雀山汉墓竹简整理小组:《银雀山汉墓竹简》一,文物出版社 1985 年版,第 7—12 页。

简，它们与墓主遗体一同被安置在埋葬墓主的棺内。由此，以前全无所知的秦始皇时代的法律即秦律的条文及其注解，开始浮出水面。① 接着好像是有意安排的追补一样，1989 年云梦龙岗 6 号墓又出土了一百五十支秦律竹简。②

此外，从 1983 年至 1988 年，法律内容的简牍在湖北江陵张家山汉墓群也有发现。汉律《二年律令》和审判内容的文书《奏谳书》合计约七百支。③

墓葬中的简牍都是作为随葬品置放在墓中，可以按照内容归类的，除以上两种，还有随葬品清单、历法、医学书籍、占书和通行凭证等等，像《孙子》那样的书籍也不在少数。

战前发现的居延、敦煌木简，20 世纪 70 年代又有新的增加。1973 年和 1974 年，学者对额济纳河流域的三处汉代烽燧再次进行调查，发现了约二万支木简——新居延汉简，④其数量是 20 世纪 30 年代贝格曼发现汉简的两倍。目前，居延汉简总计已达到三万枚。

敦煌一带也于 1979 年在位于敦煌市西北五公里的汉代烽燧中发现了一千二百余支木简，那里是斯坦因没有涉足过的遗址，被称为马圈湾。此外，在敦煌市以东东经 95 度 20 分、北纬 40 度 20 分的地点，还发现了西汉中期到魏晋时代的邮书传递设施遗址，有二万余木简出土，这就是敦煌悬泉置木简。⑤ 与迄今为止汉边境出土的木简均为军事设施（烽燧）遗物相比照，悬泉置木简出土于

①　睡虎地秦墓竹简整理小组：《睡虎地秦墓竹简》，文物出版社 1990 年版，第 5—255 页。
②　中国文物研究所等编：《龙岗秦简》，中华书局 2001 年版，第 3—9 页。
③　张家山二四七号汉墓竹简整理小组：《张家山汉墓竹简[二四七号墓]》，文物出版社 2001 年版，第 1—2 页。
④　甘肃省文物考古研究所等编：《居延新简》，中华书局 1994 年版，第 1—4 页。
⑤　甘肃省文物考古研究所：《敦煌汉简》下卷，中华书局 1991 年版，第 51—134 页。

邮传设施这样的行政官署,可以说给边境出土的汉简增添了新的资料性,无疑将有益于汉代行政制度的探讨。① 马圈湾以及悬泉置遗址出土的文物中还包括汉代的纸张,这在本书的开篇已经言及,关于邮书别章再做详述。

1996 年夏季至秋季,长沙市走马楼的古井出土了二千支木简和十万片竹简。一部分资料的图版、释文和解说,于 1999 年 6 月被收入《长沙走马楼三国吴简嘉禾田家莂》上、下两册(文物出版社)发表。从书名可知,这是三国时期吴国嘉禾年间(公元 232—237 年)租税方面的文书。此外据说在走马楼简中还包含有司法文书、官吏名籍以及帐簿等等。②

除了 10 万这一惊人的数字之外,这批木简和竹简属三国时期也值得注意,因为在这个时期纸已经作为书写材料被使用。

到了 21 世纪的 2002 年 7 月 16 日,日本的主要报纸以《2 万支秦代竹简出土,兵马俑以来的大发现》这一标题介绍报道了 15 日中国《文汇报》等报章刊出的新闻。在湖南省龙山县的秦汉城郭遗迹里,发现了多达二万余支的秦代官方文书。各报总结说:"国内专家指出,此次的竹简有可能改写秦代历史。"③

今后,到底什么时期、什么样的简牍,从什么地点、以什么数量出现,完全无法预估。有人写道:"研究者面对新的木简的出现会发出欣喜的悲叹。"坦诚地说,笔者从内心希望不要再发现新的简

---

① 柴生芳:《敦煌汉晋悬泉遗址》(日文),冨谷至编《边境出土木简的研究》,朋友书店 2003 年版,第 161—204 页。
② 长沙市文物考古研究所、中国文物研究所、北京大学历史系走马楼简牍整理组编著:《长沙走马楼三国吴简嘉禾田家莂》,文物出版社 1999 年版,第 1—6 页。
③ 湖南省文物考古研究所:《湖南龙山里耶战国—秦代古城一号井发掘简报》,《文物》2003 年 1 期。

牍，迄今为止的见解以及发表出来的论说，很可能被新的资料彻底否定，在不断增加的简牍面前我们只能茫然垂手。

这样，从发现起仅一个世纪时间，简牍的数量超过了十万片，即将达到二十万片。目前我们对于中国木简和竹简的数量，实际上未知其详。如果把削片（因为内容弄错重写而削去的部分）也加进去的话，其数字则会非常庞大。此外残片计入与否，数目也会变化。开始的时候，以实际数量发表简牍的数目，现在这已经变得毫无意义。总之，一个世纪之中从零到十万，不能不说是超乎寻常的。

木简研究史

一个世纪之内出土的简牍达到令人叹为观止的数目，其研究也在这一个世纪里取得了令人瞩目的成果，下面对此作一介绍。

简牍研究，特别是关于西北边境出土木简的研究，可以分为四个阶段进行回顾：（一）20 世纪初的发现到 1930 年居延汉简的发现；（二）1931 年至 1949 年居延汉简的研究；（三）1950 年至 1980 年战后的木简研究；（四）1981 年至现在。[①]

萌芽期——

第一阶段是敦煌汉简的发掘和研究，相当于汉简研究的萌芽期。尽管是全新的资料、未知的领域，两位杰出研究者的开拓性研究，给后来的简牍研究带来了不可估量的贡献。一位是沙畹（Edouard Chavannes，1865—1918 年），他对斯坦因搜集的敦煌汉简进行释读和翻译，还将各简附上解说并编纂成图版。沙畹是法

---

① 译者注：这里的木简研究四阶段是从日本的角度来划分和说明的，故其第三阶段的标题作"日本的共同研究"（详后文）。

兰西学院教授，作为 1885 年至 1905 年刊行的《〈史记〉译注》(*Les Memoires historiques de Se-ma-Tsien*)的译者而成名。沙畹以惊人的速度将 1907 年发现的七百余片敦煌汉简解读完毕，1913 年其图版解说 *Les Documents Chinois decouverts par Aurel Stein dans les Sables du Turkestan Oriental*(《A·斯坦因在中国新疆沙漠考察中所获汉文文书》)，由牛津大学出版社出版。木简的研究首先要从难读的隶书体简文的解读开始，所谓的释读工作绝非易事。尽管如此，沙畹的释读相当成功，这为以后的木简研究沿着正确的轨道前行奠定了基础。

　　另一位是清末民初的考证学者王国维(1877—1927 年)。他以沙畹赠送的图版解说为原本，1913 年底着手研究，1914 年完成初版《流沙坠简》。该书按内容对斯坦因搜集的木简作了分类，给个别的木简加上解说，还系统阐明了汉代边境的军事组织。王国维还有一篇关于书写材料的研究论文《简牍检署考》，初稿于 1912 年完成，在还未接触过敦煌汉简实物的情况下，根据文献史料详细考证了木简的形制以及从木到纸的变迁过程。王国维倡导的"二重证据法"，是一种将出土文字资料和文献史料作为考证工作的双轮，使其相互补充推进的研究方法。① 基于文献的《简牍检署考》和基于木简的《流沙坠简》，从广义上来讲是二重证据法研究的具现。此外值得一提的还有，沙畹和王国维相互交换各自的成果使研究得到了深化。

　　在木简研究发轫的时候，由于这两位杰出的研究者筚路蓝缕

---

① 井波陵一：《王国维与二重证据法》(日文)，冨谷至编《边境出土木简的研究》，朋友书店 2003 年版，第 9—48 页。

的工作,使得以后的研究沿着正确的方向前进,取得了切实的成果,这对简牍研究而言,应该说是十分幸运的。

劳榦的居延汉简研究——

研究的第二阶段,主要是第二次世界大战期间劳榦所做的居延汉简研究。西北科学考查团发现的汉简的释读,从 1931 年开始在北京大学、中央研究院和故宫博物院开始进行,不久因战争而中断。此后,劳榦一人在中央研究院的疏散地——四川省南溪进行释读和考证。不久劳榦移住台湾,汉简被运往美国开始了所谓"居延汉简苦难的历史"。关于此事,我们另外再作探讨,这里就不详述了。① 在困难的研究环境中,从 1943 年到 1960 年,已经发表的由劳榦编著的释文和图版如下:

　　《居延汉简考释·释文之部》国立中央研究院历史语言研究所专刊,四川南溪,1943 年;

　　《居延汉简考释·考证之部》国立中央研究院历史语言研究所专刊,四川南溪,1944 年;

　　《居延汉简考释·释文之部》国立中央研究院历史语言研究所专刊之二十一,商务印书馆,1949 年;

　　《居延汉简·图版之部》"中研院"历史语言研究所专刊之二十一,"中研院"历史语言研究所,1957 年;

　　《居延汉简·考释之部》"中研院"历史语言研究所专刊之四十,"中研院"历史语言研究所,1960 年。

---

① 邢义田:《关于"中央研究院"历史语言研究所所藏居延汉简整理工作的简单报告》（日文）,大庭脩编《汉简研究的现状与展望》,关西大学出版部 1993 年版;邢义田:《劳榦先生的汉简因缘》,《古今论衡》第 8 号,2002 年。

汉简的照片作为"图版之部"被公开是在 1957 年，从发现起经历了二十余年的岁月。其间如果没有劳榦不懈的努力，或者假如他在战中、战后的困难时期放弃木简研究，简牍，尤其是汉代边境出土木简的研究，恐怕无法有今天这样的盛况吧。现在，研究者们不是还在困惑于如何应对新出资料，焦躁不堪地寻找出路吗？正是因为有劳榦历经千辛万苦取得的辉煌成果，第三阶段的共同研究才能开花结果。

日本的共同研究——

1951 年，在四川南溪出版的劳榦的《居延汉简考释》被带到了日本，以此为契机，京都大学人文科学研究所以森鹿三为中心组成居延汉简共同研究班，日本的木简研究由此开始。20 世纪 60 年代到 70 年代，中国学界实证研究停滞，而日本的简牍研究则百花竞放，这就是第三阶段。

参加人文科学研究所共同研究的研究者，以森鹿三为首，还有藤枝晃、米田贤次郎、大庭脩、永田英正以及英国留学生鲁惟一（Michael Loewe）等人。研究开始时没有图版，只能利用释文，不久图版出版并进入日本。此外，最初不清楚的木简的出土地，也逐渐明了（最终全部弄清 1930 年出土简牍的出土地，是在 1980 年北京中华书局出版《居延汉简甲乙编》上、下之时）。

以记录实物的图版为主体展开简牍研究，将简在关系密切的遗迹中加以定位，推进以简的书式为基础进行分类的古文书学的考证，由此简牍研究水平确实被提升到了一个新的高度。在这个阶段，由于墓葬简牍的大量出土，研究得到极大促进，简牍成为秦汉史研究不可或缺的重要资料。还有 20 世纪 60 年代，随着平城京发现大量木简，日本木简研究正式展开，"木简学"应运而生。应该特别指出，日本木简的出土和中国木简研究在日本的展开，在时机上令人惊奇地偶合，这也是本书"木简与竹简"考证中的要点。

目前的简牍研究——

在 1980 年以降到今天为止的第四阶段，最令人瞩目的是简牍数量的跳跃式增加，其内容之丰富也超出预想。在汉代边境地区发现了悬泉置木简，在内地，发现了长沙走马楼简牍，还出土了战国时代的楚简。当然与此伴随的研究，也从多方面，从各种特殊的、专业的角度展开。以前只能用图版加以确认的木简和竹简，实物观察也成为可能，在图版上没有注意到的地方也被澄清。而且在这十年间，利用电脑制作画像和文字的数据库，使用检索系统归纳性地解明简文的意思及其在不同语境中的语义，促使了简文内容解读的正确性大大提高。

另外，利用诸如红外线透视装置等最新的电子仪器，可以清晰地看到简表面不透明的部分，曾经无法阅读的部分的判读工作得以推进。除了只注意记录内容的研究方法以外，还应当指出，书写方法、简的形状、材质的科学分析等方面的考察也在进行。

这样，在这一个世纪中，简牍学以惊人的速度发展着，可以说达到了极高的水准。这要归功于以沙畹和王国维为首致力于简牍研究的才学卓越的研究者们，在这个意义上，我们应该感谢这些先辈的学恩。

下面依据既有的成果，让我们把木简和竹简的话题继续下去。

简牍——形状和用途

我们已经反复谈过，青铜器和石刻毕竟是特殊的书写材料，简牍则不是这样。作为不受书写内容和书写目的制约的普遍性的书写材料，在纸应用之前，书籍、文书、帐簿等等所有的记录都做在简上。但是即便是简牍，严格说来，木简和竹简在用途上也有区别，这个问题留在后文再谈，首先来看一下简牍的形状、使用方法和使用目的。

在短条状的札上面墨书文字的简牍可以分为两类，一种用绳子缀合起来使用，一种单独使用。现在，前者被称为编缀简，后者被称为单独简。

"册"这个字，屡次被人指出是编缀起来的简牍的形象，缀简固定成册子、册书以后，"册"又变成了缀本和文书的意思。用作编缀简的简牍，标准长度被定为1尺（汉代的一尺约合现今23厘米）。除了标准简之外，皇帝使用的简牍长1尺1寸（25厘米左右），儒家典籍则用2尺4寸（约55厘米）。1959年甘肃武威磨嘴子6号墓里发现了五百余支简牍，其中包含有《仪礼》，长约55厘米，由此可知，经确实用的是汉尺2尺4寸的简（图20）。[①] 书籍的权威性和简牍的长度之间是相互关联的。

简的宽度有两类，一类宽1至2厘米只能写一行文字，另一类是前者的两倍，可以写两行。汉代称一行简为"札"，称两行简为"两行"，这在出土的汉简上反映得很清楚，此外在文献史料中也有这样的用语出现。但是关于这两种简的用途区别，现在还不是十分明确。在一个编缀简上"札"和"两行"同时使用的情况，大多见于文书和帐簿等行政类的册书，例如在皇帝的旨令诏书上，来自臣下的上奏文写在两行简上，记录了皇帝的认可——"制曰可"的部分写在札上。出土简牍表明，在帐簿上按项目类别逐条书写的部

---

① 甘肃省博物馆、中国科学院考古研究所：《武威汉简》，文物出版社1964年版，第89页。

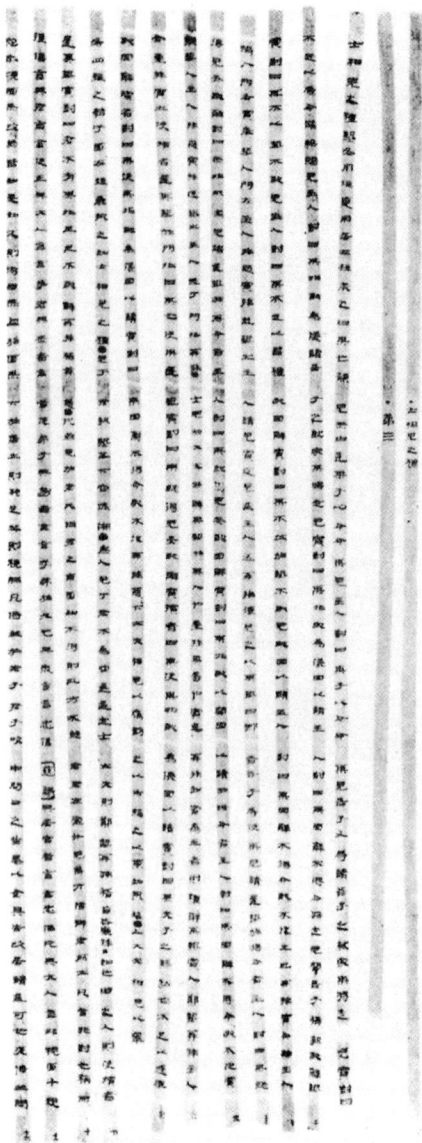

图 20

分(称作"牒")用"札",整理交付时写下的递交文句则用"两行"简,
札和两行之间有无明确的使用上的区别,目前还不能确定。

　　编缀一般是用绳将简的上端和下端横向缀合在一起(图
21),就编缀而言,"韦编三绝"的成语为我们所熟知。韦编是指
用鞣皮缀合竹简,是指书籍的装订。根据日本《广辞苑》的解释,
"韦编三绝"是说孔子晚年喜欢读《易》,以致书籍的编绳磨断了
三次,因此这个成语被用来表达热心读书的意思,并非《广辞苑》
作如是说,这也是一般性的说明。故事的出典是《史记·孔子
世家》:

　　　　孔子晚而喜《易》,序彖、系、象、说卦、文言。读《易》,韦编
　　　三绝。曰,假我数年,若是,我于《易》则彬彬矣。

"韦编三绝"一语,笔者治学之初就已经知道,但是关于为什么用鞣
皮,是否非用鞣皮不可,当时并未深入考虑。还不具备简牍知识的
时候,含糊地认为革质编绳应该是普遍的、一般的东西。开始接触
简牍的时候,想当然地觉得,鞣皮那样强韧的缀绳连断三次是描写
上的夸张,或者孔子读的珍本书籍也许是用鞣皮绳纽特别制成的。
不久随着简牍知识的增加,以及实物考察机会的获得,对于"韦编
三绝"的意思,特别是对于"韦编"中的"韦"是否是"鞣皮"开始有了
疑问。革绳真的是一般的编绳吗? 至少居延、敦煌出土的编缀简,
其大部分的编绳已经朽蚀殆尽了,少量册书上留下的编绳都是纤
维制的,革制的没有一例。

　　对于"韦编三绝"的含义,虽然没有弄清楚,但是最近翻阅到一
篇论及"韦编"的"韦"的论文,论文认为"韦"通"纬",是指"横线",

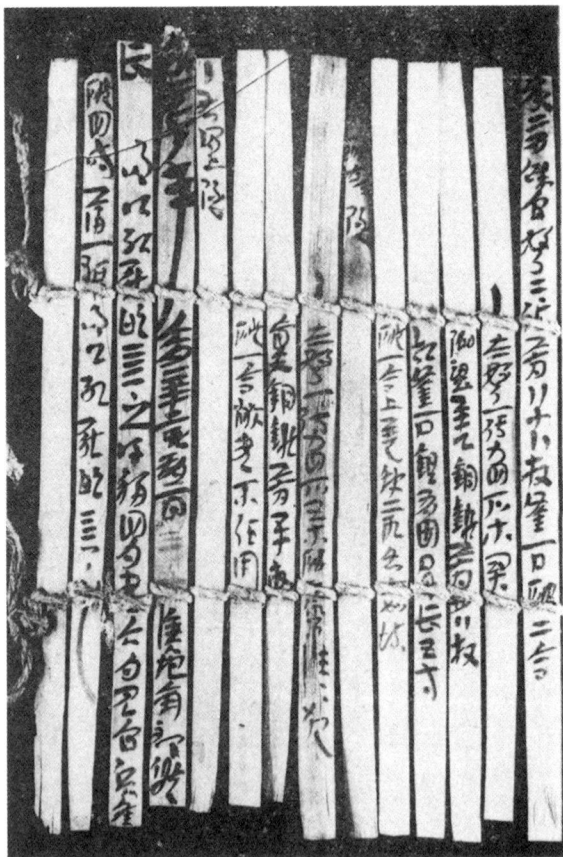

图 21

与意为"纵线"的"经"相对应，①也就是说，"韦编（纬编）"是横向穿缀的绳，即编缀用绳。

按照这种说法，鞣皮未被使用，没有必要考虑革绳，实际上这种解释也并不彻底。无论如何，笔者认为"韦编三绝"的基本含义是"编绳数次切断"。

不同的收卷方法（一）——书籍

按书册的形状进行编缀，将简系结起来，当时的书籍就是用这种方法制成的。书籍简为了系绳方便，常常切刻简侧。收藏于大英图书馆的敦煌汉简，大多可以找到这种痕迹。②

图 22 显示的是医书简（部分）。刻痕不过二三毫米，分布在简的右上部、中央左部、右下部三个地方，呈极为工致的楔形。同笔写成的医书简中还有斯坦因所收集的十一支，都可以看到刻痕。其他记载历法的简和占书简也刻有为了便于编缀的楔形刻槽，这些大概是为了使书籍的编缀牢固持久的一种装帧方法。敦煌出土的医书简是竹简，竹子不生长在沙漠地区，这些简是从内地运来的，也就是说，或许它们可以称得上是贵重书籍。

不仅如此，书籍简具有书籍特有的形态和编

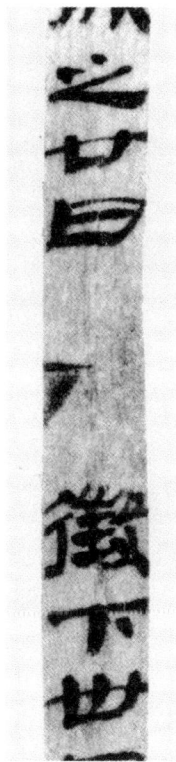

图 22

---

① 林小安：《"韦编三绝"正读》，《中国文物报》1991 年 11 月 3 日。
② Srtein，M. A. *Les Documents Chinois decouverts par Aurel Stein dans les Sables du Turkestan Oriental*，Oxford，1913，pp. 1‑232.

缀方法。

典型的出土书籍简,可以武威磨嘴子出土的《仪礼》简为例。该简包括"士相见之礼"、"服仕"、"特牲"、"少牢"、"有司"、"燕礼"和"泰射"七篇。例如其中的"士相见之礼"、"第三"的篇名和篇次,写在记载着内容的第1简、第2简的背面,这种写法也同样用于其他篇名。标题(篇名)写在开端简的背面反映出书册的收卷方法,把记有文字的一面作为内侧,从最后的简向内卷去,卷完的时候开端简的背面露在表面,由此可以确认篇名和篇次。展开册书的时候,无须全部展开,从开端简依次打开即可。我们今天看到的收卷起来的纸本、卷本与这种装帧方式一致,应该说,书籍简的收卷方法是合乎逻辑的。

与收卷的方法相关,缀绳的编法也是从末端简开始向开端简进行的,故而余绳留在开端简一侧,正如在一般卷本和轴装卷本上所见到的,余绳被缠在卷子外侧用来固定全体。图23将武威出土《仪礼》"士相见之礼"复原成了书册的形态,可惜的是,缀绳的结法误为反方向,留在末端简一侧的余绳无法处理,突露在卷子的内侧。

书籍简的这种装帧,也见于银雀山出土的《孙子兵法》上。①出土的《孙子》由现行本《孙子》十三篇、现行本不含的佚篇四篇,还有《孙膑兵法》十六篇构成,每篇开端简的背后记有篇名。被认为是《孙膑兵法》的首篇、而且证明了这批出土简即孙膑所著《孙子》的"禽庞涓",也被写在该篇的开端简的背面(图24)。

---

① 银雀山汉墓竹简整理小组:《银雀山汉墓竹简》一,文物出版社1985年版,第7—12页。

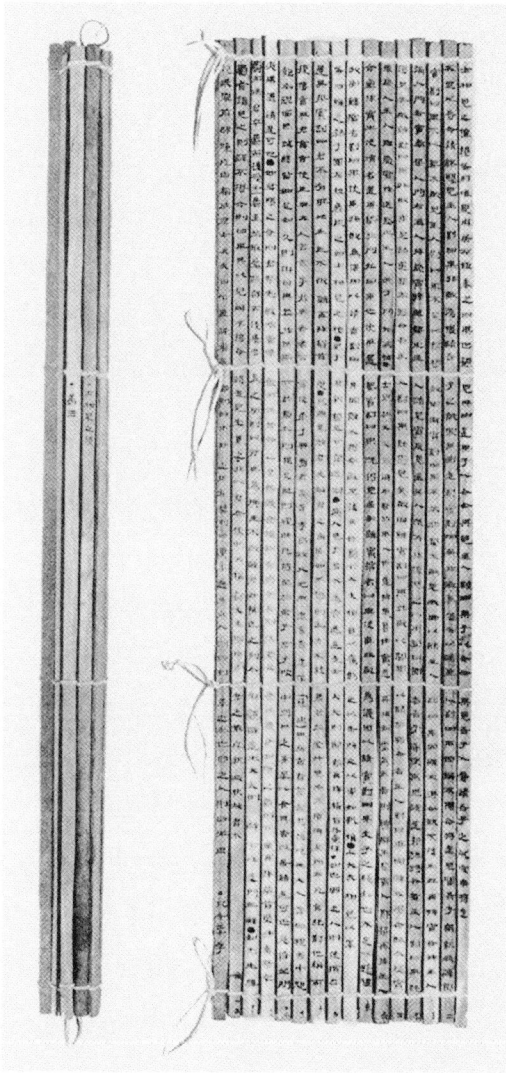

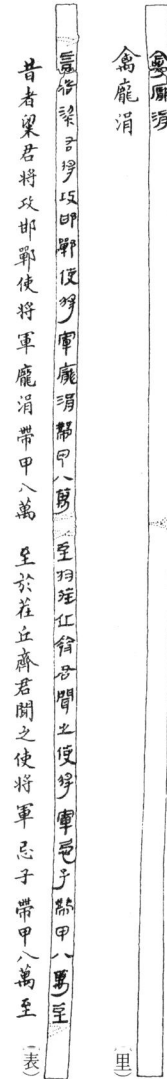

昔者梁君将攻邯郸使将军庞涓带甲八万 至於茬丘齐君闻之使将军忌子带甲八万至

（释文）

（昌）（厨）（涓）

禽庞涓

（昌）（厨）（涓）

图23   图24

不同的收卷方法(二)——帐簿

上文已经论述了书籍简的编缀方法,那么所有书籍简的装帧都是如此吗? 实际上并不是这样。

1975 年湖北省云梦县睡虎地出土的一千一百余支竹简中有以"封诊式"为题的九十八支简。"封诊式"一词在当时并不是一个成熟的用语,"封"是封印,"诊"是查验和检证,"式"是书式、手册的意思,合起来是"关于查封和检视的司法文书的文例集"的意思。然而,"封诊式"这个标题写在何处? 是在九十八支简中的末端简的背面,这与武威《仪礼》和银雀山《孙子》的标题位置不同。

标题写在末端简的背面,前文介绍的二百余支记有裁判案件"奏谳书"的竹简也是如此,它与"封诊式"同类。

再来看看图 25,这是被称为 1990 年敦煌悬泉置遗迹出土的"阳朔二年悬泉置传车亶舆簿"的十支木简,编缀绳还残留着,这类例子十分少见。[①] 编缀的装帧是从开端简向末端简系绳,余绳留在末端简一侧,这在图片上有明确的显示。

标题写在末端简的背面,编缀绳从开端简向末端简穿系,这与前述书册简的收卷方法相异,它是从第 1 简的内侧开始向内侧卷入,这种装帧使得被编缀起来的末端简在整卷简牍最上边。由此可以确认,两种不同的收卷方法是并存的,那么其间的区别如何?

---

① 《中国文物精华》,文物出版社 1997 年版,第 112 页。

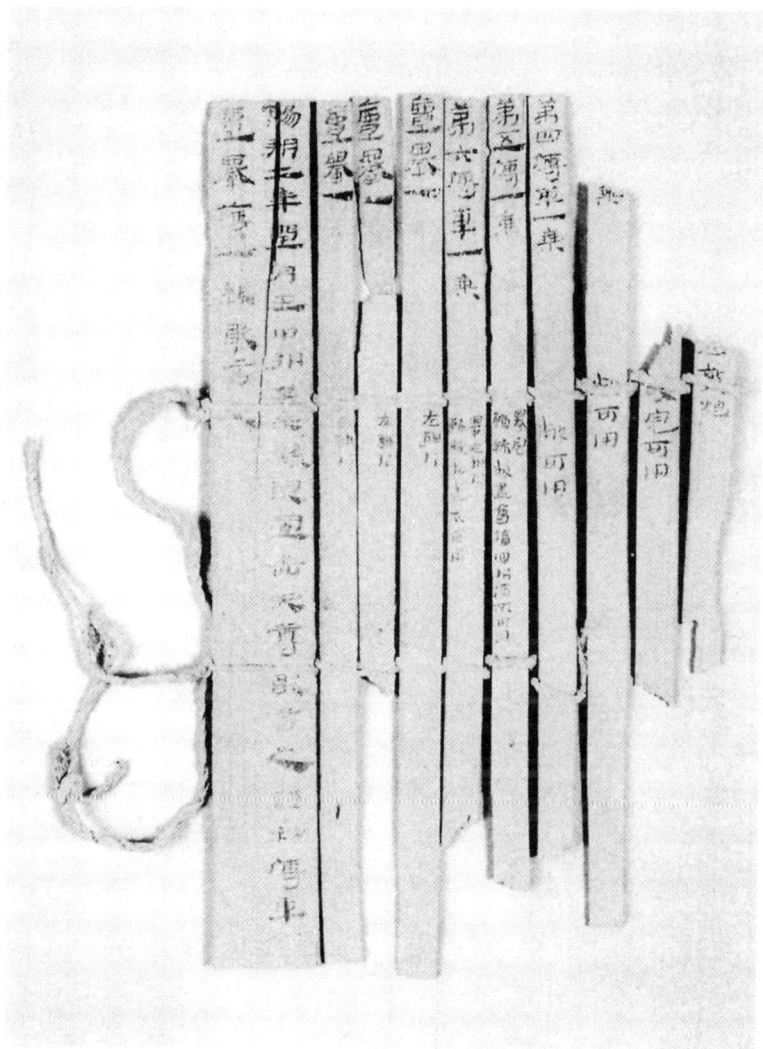

图 25

　　1973 年出土的被称为新居延汉简的 EPF22：70 - 79"居延都
尉吏奉穀秩别令"十支简，以及 EJT37：1573 - 1558"橐他莫当燧
守御器簿"22 支简①（图 26、27），可以显示其中的区别。它们是附
加在官吏俸给的支付清单、橐他候官莫当燧的器物设备的清单上
的交付辞令或执行辞令。

图 26　　　　　　　　图 27

---

①　甘肃居延考古队：《居延汉代遗址的发掘和新出土的简册文物》，《文物》1978 年
　　1 期。

六月壬申守张掖居延都尉旷丞崇告司马千人官谓官县写

移书到如大将军(简面右行)

莫府书律令

掾阳守属恭书佐丰(简面左行)　　　　　　EPF22：71A

意为：六月壬申,张掖居延都尉代行旷、丞崇告知司马千人官,通告候官、县,受理文书要按照大将军莫府书律令。

始建国二年五月丙寅朔丙寅橐他守候义敢言之谨移莫当

燧守御器簿一编敢言之

EJT37：1573

意为：始建国二年五月一日,橐他候代行义申告,送交莫当燧守御器簿一编。

上面两简是帐簿交付之际附加的送状,其背面写有"已雠"(EPF22：71B)、"令史恭"(EJT37：1573B)这样的注记。"已雠"是"检查完毕"的意思,"令史恭"是书写册书的书记官的姓名,前述敦煌悬泉置出土的"阳朔二年悬泉置传车骑舆簿"也是作为交付辞令,被附加在记有传车、骑舆等驿亭所配车辆状况的帐簿上。它被放在册书的最后,故而上文背面写有注记的两简也应附在册书最后,从开端简卷过去,"已雠"这一注记就会显露在外侧。

"居延都尉吏奉穀秩别令"、"橐他莫当燧守御器簿"以及"阳朔二年悬泉置传车骑舆簿"这些简都是从开端简穿系编缀绳,从开端简开始收卷,在末端简的背面书写注记。

书籍诞生的前夜

帐簿那样的书册,从开端简一侧收卷的方法有其合理性,账目本身要依次追加,然后将合到一起的帐簿上交,穿在一起加以保管。最后必须作为文档汇订整理的时候,从开端简一侧卷过去,在最后的简上加写注记的收卷方法最为适当。

这是一种针对不断添加的卷宗化簿籍的装帧方式,与事先就可以确定分量的已经完成了的书籍不同。被称作旧居延汉简128.1"永元五年兵釜硐簿"的由七十七支简组成的册书(图21)就是一个实例。这个册书以编缀起来的状态出土,属物品清单,而且是附有送状的若干个帐簿依次缀合在一起而成的,这也就是将送来的帐簿(或许是帐簿的副本)依次作为文档加以编缀。128.1简也是以追加为前提,由开端简开始编缀,最终汇成文档。

就刚才列举的"封诊式"、"奏谳书"而言,笔者认为这两个简册并非书籍,而是分次追加汇订起来的司法案件、文例集的集合。"封诊式"这一权宜性的标题、各自独立的若干案件和文例,构成了简册全体,这也如实地反映出它并非书本而是文档。

编缀起来的书册有两种,一种是书籍简,另一种是文档简。它们在标题的写法、收卷的方法、编绳的系法上,都体现出装帧的差异。这是笔者的结论,如果这个假说正确,出土的简册或者凑集在一起的简牍,是书籍还是文书的集合,或许就可以凭借装帧的方法进行判别。此外,关于当时书籍的诞生,下面的推论应该能够成立。

简牍书籍并非一开始就以定稿的形态出现,这里有一个由散篇历久集积成为书册的前阶段历史。特别是在简牍作为书写材料使用的春秋战国时代情况更是如此，由春秋战国过渡到汉代，甚至在汉代可以说也是如此。一些书籍并不是一个人在集中的时间里执笔、编纂成的，明显由多人在不同的时代汇集起来的东西不在少数。其典型是诸子百家的著作，与其他书籍共通的文句篇章的混入，异质思想的混入，还有仿佛出自后人之手的添加内容，这些现象必定存在，纯属一个思想家的个人作品根本找不到。作为孔子的言行录，一开始就具有文档性质的《论语》自不待言，经书中的《礼记》也是如此，《庄子》《老子》《荀子》和《韩非子》等多少都有这样的特征，一般把它们看作是分阶段、长时间完成的。这也就是在固定成书之前，有一个可以进行累加、插入的卷宗性编缀简的过程。换一个视点来看，这是简牍装帧具有的文档功能所导致的汉以前时代的书籍形式，其特征在纸的时代的书籍上是看不到的。

说得更琐细一些，关于银雀山出土的《孙子》，还有别的见解。从标题《孙子》写在开端简的背面来看，它是书籍简这一点毫无疑问。然而，果真可以断定《孙武兵法》（即现行本《孙子》的原型）和《孙膑兵法》是不同的两本书，银雀山出土的《孙子》中包含的是两册兵书吗？在《孙武》十三篇上顺次添加若干篇章，最终汇成《孙子》这一册兵书——银雀山出土的简牍书册，这种观点难道完全不能成立吗？至少简牍《孙子》的全文是同笔写成的吧。

单简

以上就编缀简做了一番思考。下面论述一下单独使用的简——单简。根据其使用目的、方法，单简从汉代起有以下一些分类：

【检】送递公私文书之际，发挥封缄作用的木简，在《说文解字》

图28

六篇上里解释为"书署也"，在《释名》释书契中解释说"检，禁也。禁闭诸物使不得开露也"。其大小尺寸不定，居延出土的检，一般比1尺长的简牍短，多为10至20厘米。一些札上带有刻槽，做出填塞黏土和按印的地方（封泥匣、印齿、玺室）（图28）。在封泥匣上穿纽，还要在上面雕出沟槽用以固定黏土。在文书之上附上检，用绳子系结以后，填塞黏土作成玺室，再在上面盖印。检面上题写收信人姓名、地址以及寄送方法。如果寄送途中被收信人以外的人开封，失去印的话，就不可能再一次封缄，由此可以保持文书的机密性。

在木简的检被用于文书送递的历史阶段，印主要加盖在封泥上。按在封泥上的时候，文字的部分会突起，印面的文字部分是被雕出来的，也就是说，印是阴刻的印。江户时代末期，在九州志贺岛出土的"汉委奴国王"印，是东汉光武帝授予倭奴国王的印，也属于还没有用纸作为书写材料的时代，故而是阴刻的印（图29）。不久纸张得到应用，文书被写在纸上，检也不再使用，在纸上加盖的朱印（盖在纸上的不是白印，而是用使用印泥的红印，"朱印"只在纸上按押），应该是阳刻的印。流传至今的南北朝时期的印一般还是阴刻的，但是在文献史料中，6世纪北魏孝明帝时期，在卢同的奏文中有"尚书以朱

图29

印印之"的记载(《魏书·卢同传》),同样是在 6 世纪,呈交给梁元帝(公元 552—554 年)的启书上,姓名旁边按有朱印(《北齐书·陆法和传》)。可以说,从 6 世纪开始,在纸上按印的现象越来越普遍。

关于封泥还想做点画蛇添足的补论。"汉委奴国王"印是公元 1 世纪赐予倭奴国王的金印,接受金印的王对于金印的用途了解到何种程度? 本来中国皇帝下赐给外邦的印章是一种象征物,也就是所谓"功勋印"的一种代用品,并无实际用途。但即便是象征物,关于为何做成那样的形状,本来的功能如何,如何使用,等等,外族的首领也并非全不介意。倭国尚无文字,更无法想象文书行政之类了。我们很想知道,得到印章的倭国国王作何感想。

"署"就是在检上写收信人地址,或是指收信人地址本身。《释名·释书契》解释说:"文书检曰署,署予也。题所予者官号也。"在汉代以来所用的字书《急就篇》里,可以看到文书用语的罗列,即所谓"简札检署椠牍家",王国维也用《简牍检署考》作书名。

还有,并非所有的检都有封泥匣。关于有封泥匣和没有封泥匣的检的区别,下章与"署"的内容一起论述。

【檄】类似检而且单独使用的木简还有檄,形状是多面体,比普通的木简长,出土物中有长达 2 尺者。尽管在文献记载中其长短不一,都解说作檄。

> 以木简为书,长尺二寸,谓之檄,以征召也。
>
> 《后汉书·光武帝纪·李贤注》

在多面体的檄的表面,是由上至下发布的命令等下行文书,还记有

收信人地址,也有与检一样刻着封泥匣的(图 30)。檄也可以说是文书与附带的检合成一支简的单独简。

"飞檄"可以理解为军事方面的紧急命令,但是檄的内容并不一定局限在军事事务上。关于檄是一种具有什么性质的简,想放在第六章详谈,这里只想指出它是作为单独简存在的。

【楬】一般常见的形状,将头部做成圆形,划出斜格子纹饰,涂成黑色,然后开孔。此外在简的顶端稍稍向下的部分的左右两端刻槽以便系绳。长度和大小不定。在简表面记入类似下述内容的物品名、文书名和帐簿名,是作为标签、货签使用的。

阳朔元年六月吏民出入籍	29.3A. B
第十六燧靳干一完	166.7A
第四部橐蚕矢百	185.18
始建国天凤正月(简面右行)	
尽十二月邮书驿马课(简面左行)EPT25:12A	

编号 29.3(图 31 左)的简是阳朔元年(公元前 24 年)六月通过关口(肩水金关)的吏民名籍,编号 166.7A、185.18(图 31 右)的简记载着名为第 16 燧、第 4 部的烽燧的橐、矢等用品的数量,EPT25:12A 是附在邮书传递和驿马的查验簿上的标识或札签。如果说是"标签"的话,那么就是随货物一同运来、或者是运送时附上的签条。问题是这里所说的楬,果真就是运送时的用品吗? 至少可以断定,29.3

图 30

简是用于保管在其出土地——肩水金关制作的名籍的楬,可以被看作是在仓库、文书库保存物品时附加上去的整理标识。

或许根据形状可以区别运送用楬和保管用楬的不同,但是辨别要点还没找到。顺便说一句,日本木简中楬的种类很多,平城京三条二坊出土的有名的木简——长屋亲王宫鲍大贽十编,其形状与简185.18一样,简的上下端的左右两侧有刻槽,应该是附在鲍鱼上运往长屋王宫殿的货签。

楬这个词本身在汉简中并不使用,在文献史料中的确解释为标签。

图 31

> 受其入征者,辨其物之媺恶与其数量,而玺之。【郑司农云：楬书其数量以著其物也】
>
> 《周礼·秋官·职金》

上面引用的居延汉简注明了破损与否,还明确记载着数量,正是"辨其媺恶"之物。

这里再回到石刻的话题。第二章考察墓碑的形状和起源时,笔者没有对墓碑上所见的圆形头部、穿和晕作进一步探讨。现在我们了解了楬的形态和用途,一看就知道墓碑与木楬一样具有开孔、头端呈圆形的形制特点,也就是说,墓碑的形状或许模仿了木楬。

即便不作那样的考证,如果比较"楬"和"碣"这两个字,就很容易想象它们之间的语义有共通之处,"楬"是一种标识,立于墓前的木制的标识也应该被称作"楬"。在《周礼·秋官·蜡氏》中,有如下值得注意的记载:

> 若有死于道路者,则令埋而置楬焉,书其日月焉。

墓标一般是木桩,穿孔、头端的网格作为印记证明了它是一种标识或标签。立于墓上的木楬,不久变成了石制的标识——碣,这就是墓碑。施于楬上的网格纹和穿孔作为标识的象征被保留下来,成为汉代墓碑的形制特征。

但是从头端呈三角形的墓碑上看不出来它与木简中的楬的联系,还没发现过这种形状的木楬。笔者认为这种形状具有其他的起源和意义,一种假说是头端呈三角形者与圭相似,圭多为玉制,有作为棺的装饰的,呈刀状的形制是为了取得辟邪的效果,这种角形的墓碑可能与圭之间有共通性。

【谒】访问、会面之际,写上姓名、礼物提交出去的,相当于所谓名刺的简就是谒,谒是谒见的意思(图32),也称作"刺"。在《释名·释书契》中,将谒解释为"谒,诣也。诣,告也。书其姓名于上,以告所至诣者也"。到了六朝时期,木简状的谒被制作出来,六朝时期的墓葬中出土有实物。

【传】也被称作过所、棨,是旅行者携带的身份证。就长度和宽度而言,现在发现的是长1尺的实物,记载着下述内容(图33):

> 元延二年七月乙酉居延令尚丞忠移过所县道河津关遣亭

长王丰以诏书买骑马酒泉（简面右行）

　　敦煌张掖郡中当舍传舍从者如律令/守令史诩佐襄七月丁亥出（简面左行）　　　　　　　　　　170.3A　A21

意为：元延二年（公元前11年）七月乙酉，居延令尚、丞忠传文至沿途县道河律关，遣亭长卫丰买马于酒泉、敦煌和张掖郡中。当舍、传舍、从者按照律令行事。/守令史诩、佐襄七月丁亥出。

　　这是在亭长王丰因公外出的时候，居延县令给发的公用护照。但是严格地说，这样的护照究竟是沿途河津或关卡确认以后就地重写的副本，还是旅行者所持的原件，这是难以判断的。笔者认为：（1）如果在关卡等通过地点交出身份证的话，就无法回到出发地点了。最自然的推断应该是，旅行中应当始终携带这本身份证。170.3A是西北科学考查团在A21号遗迹发现的，A21被认为是一处关卡（居延县索关）所在地。[1]（2）170.3的背面写有"居延令印"和"七月丁亥出"。这说明传的原件附有封印起来的检，要打开它确认证书，170.3B可能就是在简背面誊写的封印痕迹，这样正面的证书原文也应是誊写的，原件照原样被重新

图32　　图33

---

① 　冨谷至：《汉代边境的关所》（日文），《东洋史研究》48卷4号，1990年。

封印了起来,该简则很可能是副本。(3)在时代略晚的晋代的关津令里,可以看到"渡关及乘船筏上下经津者,皆有过所,写一通付关吏"的记载,这是向关卡提交副本的规定。因此,170.3简是传、过所的可能性很大,可以说居延出土的同类的传也是一样的。本来在这里能够确认旅行者证书的内容和形态,特别是确认它是书写在单简上的,就已经足够了。

【符】两枚一组的联符,表面写有文字,简的侧面有刻齿,留在一分为二的两片之上,在必要的时候,把分开的左右两片拼对在一起,如果文字和刻齿符合,其可信性就得以确认。《说文解字》五篇上有关于"符"的解释:

> 符,信也。汉制以竹长六寸,分而相合。

居延出土的木简中也有符,下面是其中之一(图34):

> 始元七年闰月甲辰居延与金关为出入六寸
> 符券齿百从第一至千左居(简面右行)
> 　官右移金关符合以从事　　●第八(简面左
> 行)　　　　　　　　　　65.7　A33(地湾)

意为:始元七年(公元前80年)闰月甲辰,居延与金关之间作出入六寸的符券。齿百,从第一到一千,左置于官,右移送金关。如果符合的话,以其行事。

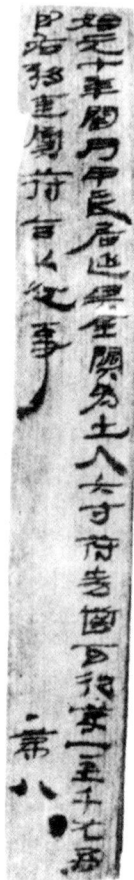

图34　●第八

以上是吏役在国定区间（居延地区和其南侧的肩水金关之间）往来的通行证，出差时携带联符中的左半支，通过关卡时与放置在那里的右半支对合进行确认。如果是日常的、定期的事务，代替单体的"传"的通行证要在官署准备多份，65.7正是"第一至一千"中标为"第八"号的符，吏役带上这种符定期出差。

除了出入符券，即作为通行证的符以外，还有在缔结买卖契约之际买方和卖方各自保留的符券，以及官署出纳物品、金钱时制作的符券。这样的符暂且称为契约券，居延出土的契约符有如下几例（图35）：

出十二月吏奉钱五千四百　候长一人　候史一人　燧长六人　五凤五年正月丙子尉史寿王付第廿八燧长商奉世卒功孙辟非

311.34

意为：出。吏（候长一人、候史一人、燧长六人）的俸给五千四百钱。五凤五年（公元前53年）正月丙子，尉史寿王交付第二十八燧长商奉世、卒功孙、辟非。

311.34

神爵二年十月廿六日广汉县廿郑里男子节宽惠卖布袍一陵胡燧长张仲孙所贾钱千三百约至正月□□任者□□□□□□□

图35

D1708A

意为：神爵二年（公元前 60 年）十月二十六日，广汉县甘郑里的男子节宽意，卖给陵胡燧长张仲孙布袍一件，卖价千三百钱，约至正月□□任者□□□□□□

D1708A

两枚一组的契约符当然带有刻齿，而且并不单单是刻痕，特定形状的刻齿表示特定的基本数值（图 36），这是籾山明的发现。[1]根据他的说法，刻齿的不同形状表示以下的基本数值：

$\sum$＝五千或者千

$>$＝百

$\angle$＝五十

$>$＝十

$—$＝一

与"五千四百"这一数值对应，在 311.34 简边侧刻有"$\sum$$>$$>$$>$"，D1708A 简"$\sum$$>$$>$$>$"的刻齿则与"千三百"的买卖价格对应。另外刚才列举的出入符上记载的"齿百"也明示了刻齿的形状，意思是"刻齿作一百之形"。

契约符是否从出现的时候起就带着这样的刻齿？我们推测，它应该先经过单一刻槽的阶段，然后刻槽形态逐渐多样化，并且被赋予各种意义。契约这种双责性的行为随着时代变得复杂，由于从中产生的问题纠纷逐渐增多，信用的确认变得越来越严格，契约符的复杂化正是程序严格化导致的结果。

正如《说文解字·释符》所言"以竹长六寸，分而相合"，"符"字从"竹"，"符"原本是竹制的。所谓"竹使符"这种符已经在文献中

---

① 籾山明：《刻齿简牍初探——汉简形态论》（日文），《木简研究》17 号，1995 年。

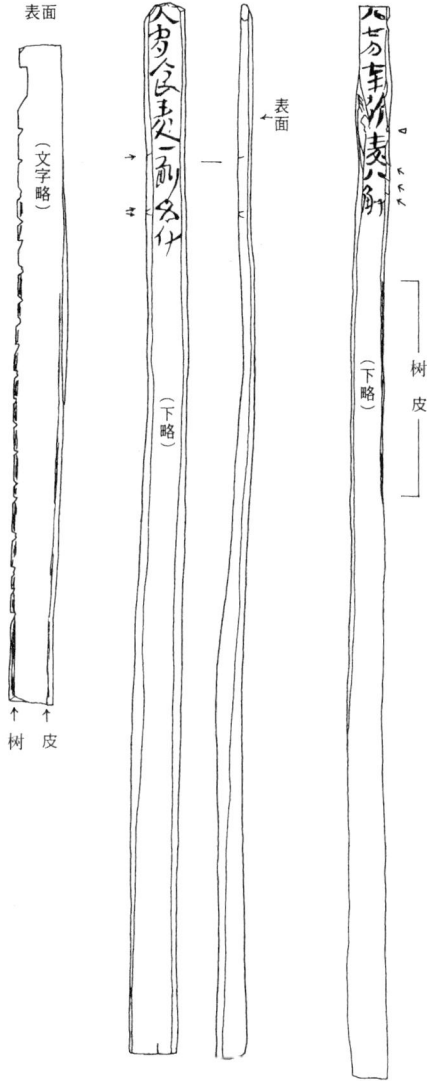

图36

得到了确认。但是《后汉书·百官志》所附胡广注中说："符,用木。长尺二寸。"因此符可能不久就变成了木制。胡广是东汉安帝时期(公元 107—124 年)至灵帝时期(公元 168—188 年)的人,曾给王隆《汉官解诂》作注,他自己也有记述汉代制度的著作。胡广所说的汉制就是他生活的时代的现实制度,因此木制的符在汉代大概逐渐成为主流。符的材料由竹变木,大概是因为刻齿变得复杂,木比竹更加适应这种变化,也就是说,要做出形态复杂多样的刻齿,非木简不可。

　　以上详细阐述了单简的种类和用途。截至目前的考察,将木简和竹简通称为简牍而不加区别,基本是作为同样的书写材料对待,讲到符为止,内容已经告一段落。我们的话题转向由竹简到木简的变化,因为这里已经瞥见了两者性质上的区别,那么我们就来对木简和竹简再作一番考察吧。

木简和竹简

　　"中国在纸发明以前,文字书写在木札、竹札上",这种说法正确无误。竹简、木简合称简牍,"简牍"这个词在中国已经成为熟语,著于三国东吴时期的谢承《后汉书·王充传》记载,王充在撰写《论衡》时,在身边放"简牍"和"笔砚"。

　　　　门户庐柱各置笔砚简牍,见事而作,著《论衡》八十五篇。

　　《论衡》里也有"恐其废失,记之简牍"的文句,可见"简牍"一词已经使用,王国维之所以在其论文中使用"简牍"一词,也正是因为这个词语典据久远。

　　简牍这个词自古见于史书，至今仍然用来表示木制、竹制的书写材料。在中国古代史学、古文献学的一般观念中，木简和竹简两者在功能上并无差异，只不过是看哪个更容易得到而就便使用。对于日本古代史学界，木简一词最为常见，"竹简"一词则显得比较生疏。木简学、木简学会、杂志《木简研究》，甚至教科书上也主要使用"木简"一词，竹简学之类的说法则不闻于耳。其中主要的原因是，日本出土的简牍中没有一支竹简，全是木札，这一点影响很大。

　　木简和竹简果真像目前一般人所认为的那样，是用途一致的书写材料吗？缘何日本不出竹简？日本出土的简牍数量如今已达到十万单位，依然只有木简，有必要对其原因进行思考。

　　暂且搁置日本简牍不论，让我们再来重新看一下出现于中国文献史料中的简牍。第一章开篇时列举的史料——《后汉书》关于蔡侯纸的记载说：

　　　　自古书契多编以竹简，其用缣帛者谓之为纸……

此处用的是"竹简"，不见"木简"一词。

　　"书竹帛"、"著竹帛"这些记录，虽是战国秦汉文献中的惯语套句，但是这里意识到的是"竹"、"帛"，而没有木简。还有"杀青"一词。所谓：

　　　　校雠完了，杀青终，净书作定本。

西汉末年刘向编纂的图书目录为每本书籍撰写题解，所有的书籍都附记着上述文句。所谓杀青，就是为了使竹简拥有耐久性，防止

虫害,用火将其烘烤除汁,相当于一种脱水作业。后来这个词转为
"定本"的意思,但是无论如何,"杀青"对应的只是竹简,木札则在
此范围之外。可见刘向编纂的是竹简而非木简。

《后汉书·蔡伦传》记载了纸以前的书写材料,在"书竹帛"、
"杀青"等语句中,丝毫也见不到木简的踪影。本来,"简"这个字就
是竹字头,"策"、"篇"、"簿"等都是从"竹"的单字。

这里需要确认的是中国竹子的生息状况。以前一般认为竹子
只生息于淮水以南,即北纬35度以南,实际上在更北的地区,包括
渭水和淇水流域的山西、河南等地也有竹子生长。[①] 也就是说,在
秦汉帝国域内的渭水盆地和中原地区,都分布有竹林,很容易得到
竹材,唯一的例外可能是西北边境。

以上述内容为基础,再来看简牍的形状和制作。一般简牍的
标准形制是长1尺(约23厘米)、宽1—2厘米、厚2—3毫米的长
笺形。长度根据简文的内容有变化,之所以有如此规定,是因为要
编缀起来做成书册的形状,如果长短不一,编缀时就会极不方便。
不只是长度,宽度和厚度也需要统一,特别是厚度不同的话,缀合
收卷之际也会相当困难。对于书册的编缀而言,需要长、宽、厚一
致的标准型简,而且应该达到相当数量。要满足这样的条件,木和
竹哪个更容易呢?

《论衡·量知篇》记有简牍的制作方法:

> 截竹为简,破以为牒。加笔墨之迹,乃成文字。大者为
> 经,小者为传。断木为椠,析之为板。力加刮削,乃成奏牍。

---

① 森鹿三:《竹与中国文化》(日文),《东光》1号,1949年。

如果生产成批的标准型简,应该说竹比木更加适合。制作书册时,竹简也是最合适的。然而,这里的论述始终是在编缀均一板条的前提之下,刘向和上述记载所考虑的都是编缀起来的书籍。

　　就简牍的用途而言,它不仅可以被编缀成书册,还可以单独使用,有楬、符、检等单简。它们都是在简面或简侧做出封泥匣,把简的顶端做成圆形,再刻出穿纽的孔或缚纽的槽,进一步又在简侧施加类似刻齿这样的细小雕工,表记交易货币和进出谷物的数量。这样的细小雕工无法实施在竹简之上,在木简上则变得可能。也就是说,单独使用的简大概应该局限于木简。

　　从其他角度来考虑,还有所谓木牍这种板条较宽的简札,它在古墓出土的简牍中比较多见,例如在出土了包含《孙子》在内近五千支竹简的山东省银雀山汉墓中,就发现了五件木牍。这些木牍附加在竹简上作为题签,写有以下的篇名(图37):

守法　守令　兵令

要言　李法　上篇

库法　王法　下篇

王兵　委法　　凡十三

图37

田法　兵令

一方面是五千支之多的竹简,另一方面则是有意采用木材的上述五支木牍,应该说,其中包含了必须如此的必然性,决定这种必然性的就是十三种题名必须写在一支简札上的需要。

因此关于简牍这一书写材料,笔者认为可以归纳出这样的结论:从原则上来讲,木简与竹简有不同的用途,竹简是编缀起来以书册的形式使用的书写材料,木简则作为单独简使用,便于进行简侧刻齿、简端修圆、简上开孔等细小刻工。现在如果让我们推想用于制作书籍的书写材料,也就是纸出现之前的一般的、普遍的书写材料,那么它一定是竹简。作为单简的、拥有特别形状的木简,在某种意义上或许可以说是一种由书写的内容、用途来决定材质的特殊的书写材料。

以上叙述了从简牍的材质、用途、使用方法上产生的简牍形制和书写内容的区别,下表总结了单简、编缀简甚至编缀简中的书籍简和文档简的一些特点。

分　类	形　态	材　质	内　　容
Ⅰ	单独简	木简	各种证明——检、檄、楬、符等木牍
Ⅱ-A	编缀简	竹简	书籍
Ⅱ-B	编缀简	竹简	簿籍

发现带来的困惑——为什么日本仅出土木简

木简和竹简的状况如上表所示。但是 20 世纪简牍的发现使我们对于木简和竹简的理解发生扭曲。如"木简发现史"一节所述,简牍最初出土于尼雅、楼兰、敦煌和居延,合计上万支,均为木简。比较之下竹简的大量发现晚了半世纪,而且是作为随葬品被埋藏于墓葬之中。从实际使用这一点来看,敦煌、居延的汉简或许可以说更具有现实意味。

诚然,边境一带出土的木简之中,也有编缀成册的简和书籍简。但那些木简都是不生长竹子的沙漠地带的书写材料,本来应该使用竹简,不得已才用柽柳等木材制成的木札代替,这属于特殊的、例外的情况。

这是代用品大量出现的开始,王国维在《流沙坠简》中对这些遗物进行解说时写道:"木简敦出〇长〇广〇",用了"木简"一词。本来"木简"一词是唐代颜师古和李贤作注时所常用的:"檄,以木简为书"(《汉书·高帝纪·颜师古注》《后汉书·光武帝纪·李贤注》)、"札,木简之薄小者"(《汉书·郊祀志·颜师古注》),它在汉代文献中则见不到,与竹简一词相比不能说是通常的用语。

与中国木简的出土相呼应,日本也出土了大量木简。日本木简与中国出土的木简——汉简,实际上是性质迥异的东西。日本木简的使用年代是7、8世纪,相当于日本史所说的奈良时代。那个时代的日本,正如保留在正仓院的帐簿、写本所显示的那样,作为书写材料的纸已经存在,是纸与木并用的时代。书籍和帐簿都使用纸张,竹简的地位被纸张取代。因此日本无书册简、编缀简出土,也就无竹简出土。日本之所以不出土竹简,这完全归因于时代差。必须指出,有竹子生长的日本无竹简出土,沙漠地带出土的居延汉简中没有竹简,两者是全然不同的。总之,中国木简的出土与紧随其后的日本木简的发现之间的偶合,使特殊被误解为一般,尤其使木简一词深入人心,并具有了代表纸之前的书写材料的地位。假如最初出土的是竹简的话,对于书写材料的认识或许会有所不同。

关于日本不出土竹简,前文已经提到,是因为木简和竹简作为书写材料在存续时期上存在差异。进一步而言,如前表所示,应该认为,形态、材质和书写内容各异的简牍拥有各自不同的历史,沿着独自的轨迹将其功能转移到纸上。"到汉代为止,记事被书写在木简、竹简上,纸被发明,遂成为替代简牍的书写材料"这样的叙述有点过于简单,甚至没有正确反映事情的真相,很容易招致误解。在此,我们已经站到了要重新考虑由简牍到纸的变迁这一章的前面,在进入这一章之前,想先介绍一下简牍资料昭示的书记世界的一隅。

第四章
简牍述说的书写世界

简牍资料的魅力

　　20世纪初，中国和日本发现的新的历史资料——简牍，使古代史研究有了飞跃性的进展。古代与近世、近代相比，史料的绝对量显然要少得多，这是迄今为止的常识，但是这个常识已经失去了意义。古代史研究，变成了一个在资料上胜于或者至少不劣于后来时代研究的研究领域。这不仅仅是量的问题，由于拥有文献史料不具备的、以及从文献史料中不能获得的信息，简牍作为史料在质的方面也具有无与伦比的价值。

　　首先，木简和竹简可以说是第一手的、记录当时社会状况的资料。汉简上书写的文字必然是汉代人所写，木札和竹札也出自汉代人之手，现行本的《史记》则并非司马迁的亲笔，留有司马迁手泽的《太史公书》已经不复存在。

　　正如简面刻齿具有特殊寓意那样，简牍还具有作为遗物的资料性价值。也就是说，从简牍的形制上，可以获得各种制度方面和史实方面的信息，可以说，它是一种三维性资料，蕴含着不同于只有记事内容的二维资料的特殊价值。

　　进一步说，简牍资料拥有多维资料的价值，这是其他文献史料无法企及的特征。根据出土的简牍，可以确定简出土的地方在简牍被使用的时候是怎样的一个场所，例如判断它是特定军事基地、行政官署，抑或是宫殿等等。这里所说的简，并非墓葬中出土的简牍，而是汉代军事性、行政性遗址中出土的简牍。从这些遗址出土的简牍的内容来看，它们包括行政文书、帐簿、名籍，还有检等标识和标签。通过分析出土简的内容，可以察知出土地点的性质，探明当时行政的状况。简牍拥有其他历史资料不具备的价值，这一点怎么强调也不过分。

在此，笔者谈到了行政文书、帐簿。"文书"一词的一般语义就是文件、笔记而已，在史料学、古文书学里，它带着特定的意义被使用，考证也是在特殊定义下展开的。它作为古文书学的用语，必须带着"从第一者（发出人）寄给第二者（接收人）的，期待着某种效果，带着特定意图发送的"意思，不涉及第二者的东西被称为"记录"。所以要满足"文书"定义的要求，必须具备（1）记载事项、（2）发出人、（3）领取人这三个条件。官署内保管的帐簿、户籍并非文书，而是属于记录。但即便是记录，如果附有发单被送往别的官署的话，那么它也满足文书的条件。

众所周知，20世纪初在敦煌莫高窟第17号洞发现了大量纸本、纸卷，令世人叹为观止。有研究者将放置在后来被称为"藏经洞"的第17号洞的古文献称为"敦煌文书"。考虑到广义的"文书"中包含着"笔记"的意思，这样的称法或许也没有问题，但是这对于常常要判断是文书还是非文书的简牍研究者来说，将同时期发现的敦煌古文献称为"敦煌文书"，难免会觉得不知所措。17号洞出土的古文献或许的确包含着文书，但是其大半则是帐簿、名籍以及藏经洞这一名称所喻明的写经。

四维的资料

文书是从发信地送至收信地的东西。辨别简牍是文书还是非文书，阅读时必须带着一个念头：文书何时何地写成，是否经过了传送。

换句话说，就是要把简牍放到时间、场所、移动这样的空间坐标之上来考虑，此中既有奥晦难解之处，又有妙趣横生的一面，简牍的特殊魅力正在于此。

单个或是作为书册编缀起来的多枚简，假设出土于 A 地点。首先应该考虑它是文书还是记录，也就是要弄清它是否是移动而来的，确定这一点并非易事。例如各个帐簿自身虽然是固定不动的，把这些帐簿合在一起送出则十分寻常。就附札（楬）而言，是附在被发送的物品上，还是保管于仓库的物品上，这一点很难确定，甚至也不能排除预先准备的附札未经使用保留下来的可能性。

即便的确是文书，那么为何它出土于 A 地点，A 地是一个发挥何种功能、承担什么角色的机关，为何要送至 A 地，文书的发出地在哪里，都是接着有待解决的问题。

还有进一步要考虑的问题。简上的文句是在 B 地点写好送来的，还是在收信地 A 地点制作的副本，或者在收信地加写了部分内容，这些都需要从内容、笔迹进行判断。要考虑到简牍书写中的时间差的话，那么与其说简牍是立体的、三维的资料，毋宁说它是四维的资料更为贴切。

文书的收信地 A 和发信地 B 如果得以成功确认，A 机关和 B 机关之间的关系就会由此明朗。这是行政机构的解明，而且还有助于深入理解政治、制度和国家权力的实际状况。将简牍置于空间坐标的一点所展开的研究，关联着解明空间坐标的全体构成的历史学，这大概是我们大家都能够理解的吧。

　　以上叙述了简牍学的手法及其目的，且称这就是简牍学的醍醐真味，但事情并没有如此简单，仅仅弄清一支简是什么性质、简上写着什么内容的头道作业就常常令人大伤脑筋。

长屋王木简和长屋亲王宫

　　——长屋王邸宅的确认

　　——出土木简上的名字

　　1988 年 1 月 13 日各报晨刊在头版上报道：在奈良市二条大路南一（平城京三条二坊）发现了大量明确记有"长屋王宫"的木简，悲剧皇子长屋王的邸宅得到确认。

　　同年 9 月 13 日的朝刊又报道了有名的"长屋亲王宫鲍大赞十编"木简的发现。（图 38）

　　　　—邸宅遗址木简 3 万支、饲鹤、饮牛乳

　　　　　　　　　　　　　　　　　　　每日新闻

图 38

关于奈良市二条大路南一就是长屋亲王宫这一点，虽然并非没有异议，[1]但是大致应该无误。[2] 然而这并不

---

①　大山诚一：《所谓"长屋王木简"的再探讨》（日文），《木简研究》11 号，1989 年。

②　奈良国立文化财研究所：《平城京长屋王邸和木简》（日文），吉川弘文馆 1991 年版，第 19 页。

意味着木简上写有"长屋亲王宫",就可以论定那里是长屋王的宫殿。这种推理无异于"冨谷至"的名片在某地点发现,就轻率地认为该地就是冨谷某的住居。关于这批木简有两点需要特别指出:首先,写有"长屋亲王宫鲍大赘十编"、上端和下端左右有刻槽的木简被发现;其次,这种形状的木简,与其他的例子对照来看是叫做"楬"的货签,"长屋亲王宫"是货签的收件地址。至少以这两点为基础,我们才能展开长屋亲王宫之类的议论。并不单单因为简面上写有"长屋亲王",还因为简上题写的"长屋王宫"应该是收件地址,木简所呈的形状,才推断那里是长屋王宫殿。

　　然而,考证至此并未结束。上文言及简的移动的时候说到,有日常发送的物品,就不能排除预先准备的附札未经使用而留存下来的可能。如果向长屋王宫的贡品发送不是一次性行为,而在某种程度上是定期行为的话,货签就有可能是预先制作的。另外,货签在发送地被废弃的可能性也是有的,还有货签也有可能是作为标识,被附在保管于仓库、等待发送的物品上。无论如何,写在表面上的机关不一定表示出土地点的机关名称。下面举一个例子说明:

　　　　两行册　橄三(简面右行)

　　　　骣喜燧　札百　八月己酉输◎(简面中行)

　　　　绳十丈(简面左行)

　　　　　　　　　　　　　　　　　　　　　7.8

　　　　禽寇燧札二百两◎行五十绳十丈◎六月为七月

　　　　　　　　　　　　　　　　　　　　10.9

这些都是额济纳河流域 A33——肩水候官遗址出土的检,它们附带在肩水候官所属的骓喜燧、禽寇燧使用的"两行"、"札"、"绳"等书写材料上。书写在楬或检上的机关是收件地址,原本应当在那里出土,却在可能是发出地的候官发现,其原因何在呢? 应该发出的东西没有发出,或许本来就没有打算发送,只是将其保管起来,或许只有检被返还到了发出地点,不管是哪一种情况,有一点是确实的:写在检和楬上的机关名称未必与设置在出土地的官署名称一致。[①]

但是就"长屋亲王宫鲍大贽十编"而言,侥幸以上的可能性几近于零。在奈良盆地,鲍鱼是绝对无法捕到的,因此这是从产鲍鱼的地方送至长屋王宫的海产品上的货签。还有这里是宫殿遗址这一点,已经通过考古调查和其他出土木简得到证明。我们应该感谢木简上写的不是"长屋亲王宫西瓜……"。

处理简牍材料时,要考虑到所有的可能性,通过缜密的研究排除可能性低的东西,从而接近真相。下面列举一些根据简牍资料获得的最新的古代史研究成果,同时谈谈汉代文书行政,以此介绍汉代的书记世界。

文字的统一

> 分天下以为三十六郡,郡置守、尉、监。更名曰黔首。……一法度、衡石、丈尺,车同轨,书同文字。

以上见于《史记·始皇本纪》的关于秦始皇政治措策的著名史料,

---

① 藤田高夫:《从出土简牍看 D21 遗址的性质》(日文),冨谷至编《边境出土木简的研究》,朋友书店 2003 年版,第 49—88 页。

述及度量衡、车轨和文字的统一。秦始皇实行的这些统一措施，都作为重要政策成为中央集权体制的支柱，这在教科书和概论书中都会讲到。其具体内容大致如下：

在战国时代，各地通行不同书体的文字，秦统一全国后，将文字统一成小篆。小篆是战国时代以秦国为中心使用的篆书体（相对于小篆的篆书叫大篆）的简略体，由秦的丞相李斯创制推广。

丞相李斯与文字统一为小篆的关系，在《说文解字·序》中有介绍：

> （战国时期）言语异声，文字异形。秦始皇帝初兼天下，丞相李斯乃奏同之，罢其不与秦文合者。斯作《苍颉篇》，中书府令赵高作《爰历篇》，大史令胡毋敬作《博学篇》。皆取史籀大篆，或颇省改。所谓小篆者也。

就书体说得更详细一点的话，以我们平时常常见到的印刷在日本纸币上的"总裁之印"为代表，政府官厅的方形公印的字体就是篆书体。但是秦统一后的篆书（小篆）与之前的篆书体（大篆）之间的区别并不清楚。篆书确立之后不久，隶书这种书体就出现了。根据《汉书·艺义志》，"隶"的意思是"徒隶"（囚人、下仆）的意思。唐朝人张怀瓘《书断》则说隶书是囚人程邈在狱中所作字体。

隶书进一步发展成为草书、楷书，汉代是隶书的全盛期，这个时代的石碑——汉碑，正是用隶书雕刻的，我们将在后文考察篆书→隶书→草书→楷书的变迁，这里把话题转回到篆书上，按照一般的说法，李斯主导的文字统一将各种不同的书体统一为简化的篆书。的确，秦统一以后雕刻的秦刻石，是铭记秦始皇完成统一功业而树立于各地的石碑,仅仅留下一点痕迹的残石上的文字,其传世拓本是被归类为篆书的字体,铭铸于统一的度量衡器具上的字体也是篆书。

秦代石刻和度量衡器上确实是篆书体,或许就是统一的小篆。但是近年中国各地出土的木简和竹简推翻了文字统一为小篆的定说。

被推翻的定论

1975 年在湖北省云梦县睡虎地秦墓发现了一千余支竹简,竹简上记载着以前内容不明的秦律及其注释,它们在古代史研究上可以说是具有划时代意义的资料,这在第三章已经言及。这批被称为云梦睡虎地秦简的竹简,不仅在法制史领域拥有极大价值,而且对中国书法史而言也弥足珍贵。

首先,看一下图 39 上睡虎地秦简的书体。与其说是篆书,不如说是隶书。而且睡虎地秦简书写的时代在秦始皇统一之前,是李斯的文字统一尚未实施的时期。这个时期隶书体已经诞生,书写在竹简上。补充一句,睡虎地一千余支秦简都是用隶书体撰写的。

图 39 上木简的内容是在秦的刑法中被称为田律的律文,关于捕杀进入禁苑之犬有如下处理规定:

之河禁所杀犬皆完入公其他禁苑杀者食其肉而
入皮

田律

图39

再看一下图 40。睡虎地秦简发现十余年之后,在云梦县龙岗又发现了数座秦汉墓,其中 6 号墓出土竹简近二百支。令人吃惊的是,其内容也是秦律的条文,而且与睡虎地秦简的法律条文一样包含有田律。图 40 是其中一条,与上面的图 39 同文,其书体明显是隶书。

杀之河禁所杀犬皆完入公其□□□

在云梦龙岗秦简中,有记载"皇帝"、"黔首"等词语的简。当然,"皇帝"是秦王嬴政(始皇帝)公元前 221 年统一全国后创定的新称号,"黔首"也是与此同时新创的表示人民的词语,这从前文列举的《史记·始皇本纪》所载"更名民曰黔首"来看是十分明确的。这些证明龙岗秦简的书写年代处于大一统之后,那么书体的统一到底如何呢?所谓"书同文字"——统一文字的公布是在公元前 221 年,两种秦简在这个年代的一前一后,但书体却无任何变化,而且都是用应该创制于统一后的隶书体写成。

从近年出土的文字资料来看,秦统一时制定的中央集权政策之一的文字统一,并非统一于李斯所作的小篆。在那个阶段隶书已经普及,法律的条文在统一后也用隶书书写,而且统一前后书体的变化难以辨识。必须指出,以教科书为首的迄今对于文字统一的理解有明显的错误。

图 40

所谓的文字统一 ——从文献史料和出土资料两个视角来看

让我们来冷静地作一番思考。公元前 221 年文字被统一为新创的小篆体,以行政文书为首的全部文件都用小篆书写,这在现实中能够推行下去吗? 即使拥有专制国家的强权,突然在全国推广普及统一的书体,而且是篆体这样复杂的字体,这可能吗? 再者,篆书由李斯一人推行,隶书也是程邈一介因徒在狱中所作,举凡如此的说法,都应该说是非现实的、令人难以信服的。

书体的变迁不是一朝一夕可以人为完成的。篆书(小篆)在秦统一后确实用于诏书之类的拟制。另一方面,隶书从战国至秦也得以普及,统一以后状态如旧。从书体变迁来说,隶书的确是篆书简化后形成的,我们无法想象隶书变化为篆书的逆转。基于这样的事实,《史记》上记载的秦统一功业之一环的文字统一——"书同文字",究竟如何理解呢?

就结论而言,"书同文字"是指文书行政上应该使用统一书体,笔者认为它是对于不同种类、不同等级的官方文书所用文字的规定。其对象始终是官方文书,并不包含私人文函、书籍,这里有一则体现根据文书不同种类区别使用书体的重要史料:

> 帝之下书有四,一曰策书,二曰制书,三曰诏书,四曰诫敕。策书者编简也。其制长二尺,短者半之。篆书。起年月日,称皇帝,以命诸侯王。三公以罪免亦赐策书。隶书。用尺一木,两行。唯此为异。
>
> 胡广《汉制度》、蔡邕《独断》

这里讲述的是有关汉代皇帝的下发文书的规定,在此应以篆书书写的文件和应以隶书书写的文件是有区别的。区别是为了给文书分等定级,等级也体现在简牍的长度上。

诸侯王的任命策书→二尺简、札、篆书。

公的罢免策书→一尺一寸的简、两行、隶书。

因为汉的行政体系因袭秦代，所以这项规定很可能始自秦代，作为统一措施之一的书体统一意味着文书行政规则的确立。

始于秦代的皇帝政治的根干就是文书行政，第二章曾经引用秦律"内史杂律"：

　　　　有事请殴、必以书、毋口请、勿羁请。

意为：如有应当报告之事，必须用文书。禁止口授言传。

《史记》中则如此介绍秦始皇的日常生活：

　　　　天下之事皆决于上。上至以衡石量书，日夜有呈，不中呈不得休息。

　　　　　　　　　　　　　　　　　　　《史记·始皇本纪》

意为：政事均由秦始皇决断。帝以秤计量文书，日夜无休地专注于文书处理。

臣下以文书形式拟制行政报告，皇帝以此为基础用文书发布命令，寄寓于官方文书上的权威正是帝王权威，不单是文面记载的内容，还包括文章的格式和书写材料的形状，这些要素结合起来使公文书之间有了等级区别，从而使文书的权威也有了等级区别，它们发挥着让文书行政得以有效实施的作用。即便是今天，用篆书体书写的公证书、公印的书体以及优质纸张等等，也会给人以庄重威严的印象。

就隶书而言，如果用于公文书上，就会用于比篆书文书级别要低的东西，或者是罢免文书一类含有降级意味和效果的东西上。"隶"本来的意思是从属于篆书的低等级的书体，与徒隶、狱、法律文书等并无直接关系。但是文书中占很大比例的是由当时被称为"刀笔之吏"的司法官拟成的文书，它们具有贬低、弹劾接受一方的性质，所以用低等级的隶书书写。这样，隶书体在旧说中就与法律、狱和囚徒联系在一起了。

李斯与文书行政

以上论述了"书同文字"，即所谓文字统一的内涵。那么为何李斯的名字会出现在这里？李斯本来是政治家，从任何史料中都看不出来他还是文学家和书法家，不能不说，小篆出自他的创制这一说法缺乏足够的根据。

但是从时代背景来看，它还是说得通的。公元前221年秦统一以后，作为地方行政制度的郡县制、经济制度之一环的度量衡和货币的统一，还有包含在军事制度之中的车轨统一等等，这些关系到中央集权国家体制确立的诸多政策的实施，确实都是以当时的丞相李斯为核心展开的。

如果说文字的统一构成了帝王文书行政的根干，那么暂且不论小篆是否由李斯创制，将文书行政体系的确立归功于李斯应该无误。

"斯作《苍颉篇》，中书府令赵高作《爰历篇》，大史令胡毋敬作《博学篇》。"这里的赵高，在日本的《平家物语》开篇中列举为亡国逆臣，"远访异朝，秦之赵高，汉之王莽……"虽然其人据传是战国时期赵国的王室余裔，但是数代门庭卑微，至赵高一代，兄弟尽为宦官，由于熟谙律令，才逐渐崭露头角，在秦始皇临终之际被委以执掌印玺的大任。

与李斯一样，赵高本应与字书编纂、书体创作无缘，《爰历篇》大概是假托赵高所作，至于为何借赵高之名，可能是由于他与李斯一样精于法律事务、司法文书。

意指书体统一的"书同文字"，在《史记·秦始皇本纪》以外的文献中也不少见，而且与秦始皇统一文字无关，不一定是"统一书体"的意思。

例如《礼记·中庸》里，孔子论及非有德天子不能制定礼乐一节，有"书同文"的句子：

> 非天子不议礼，不制度，不考文。今天下车同轨，书同文，行同伦。

在《三国志·吴志·陆绩传》中记载，陆绩临终之际说过这样的话：

> 今已去，六十年之外，车同轨，书同文。恨不及见也。

秦始皇推的"车同轨，书同文"政策，见于儒家经典《礼记·中庸》，对于考察《中庸》篇的年代具有启发意义，有说法认为《中庸》篇的后半是秦始皇时代的著作。[①] 如果再考虑《三国志·陆绩传》，"车同轨，书同文字"应无具体内容，只是抽象的文句，意味着行政、通信、军事体系的完成，即统一国家的成立。讲述事实的具

---

① 　武内义雄：《礼记的研究》（日文），《武内义雄全集》第 3 卷，角川书店 1979 年版，第 260—264 页。

体语句,可能由于事情有象征意义不久转变为抽象的意义。表现具体事物的语句升华为抽象的表现,需要一定的时间,我认为《礼记·中庸》篇的完成是在始皇时期以后的汉代初期。将李斯与统一文字联系在一起则历经了汉代初期到中期,这一时期对于李斯的评价得以确定,书体→行政文书→司法行政的干臣→李斯这样的联想也变得普遍。

从篆书到草书——简便性和艺术性

虽然篆书和隶书的起源还不清楚,但是根据上文所述,秦统一时篆书和隶书已经存在,并且在行政文书中分开使用。如果注意书体变迁的问题,隶书衍生于篆书,汉代是隶书的全盛时代,"汉隶"一词就是一个证明。到了东汉时期,将隶书艺术化了的八分这种书体引人注目。"八分体"呈矩形,具有一定法式,是一种笔势起伏作曲线状的书体,其突出的艺术特征是朝右伸出(波磔)、拖长的竖画处理(悬针)(图 41)。

从隶书中又发展出草书这种更为简化的书体(图 42)。《说文解字·序》说:"汉兴有草书",将草书称为"草隶",这也证明草书来自隶书,而且产生于汉代。另外还有一说认为草书是《急就篇》的编选者史游所创,这与李斯作篆书说一样只是一种虚传吧。

东汉灵帝时期(公元 168—188 年),赵壹著《非草书》批评说,把本来旨在简便的草书作为一种书法艺术,写得美观而且工致,这是很矛盾可笑的。

图 41

《非草书》本意虽是讽刺，另一方面也
证明东汉中期草书已经成为普遍性
的书体。

　　笔者认为，从秦到东汉、再到三
国，篆书→隶书→八分→草书的发展
过程中有两个向量。一个是从速就
简，另一个是追求美观。这两个向量
同时存在，书体的形成并非向量的合
成，快速、大量书写的努力导致了速
笔化的趋势，文字的简化也因此发
生。不久简化的书体确立下来，随着
它的普及，外观漂亮的写法，即书写
的艺术性又成为追求的方向。从隶
书到八分的变迁就是如此，书写艺术
的确立带来了书体的定型和运笔的
慎重考究，接下来又向本来的速笔回
归，人们又开始追求新的速笔和简
化。速笔化（简略）→艺术（定型
化）→简略化的连续运动，大概是战
国秦汉以后书体的变迁规律吧。

　　对造型美、书写艺术性的追求，是
起源于绘画的图像文字——汉字的内
在特征。另外，由复杂笔画构成的汉

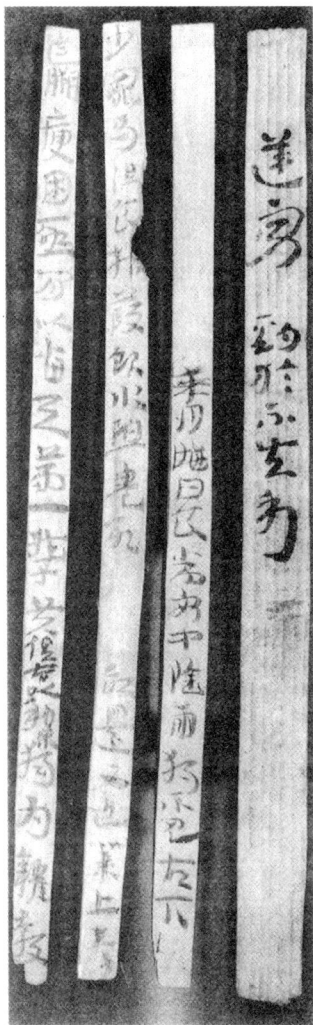

图42

字，随着时代发展，书写量增大，简单快速地书写必然成为追求目
标，这种看法应该无误。艺术化和速笔化都是汉字的属性，演变

是一种缓慢的运动,并非一朝一夕完成的,更非一个人创制的。

　　然而,影响书体自身内部变化的外在助动装置的确存在。那就是必须大量快速书写文字的必要性,具体来说,就是文书行政带来的行政、司法类文书以及簿籍的增加。在中央集权国家尚未成立,行政文书的种类和分量特别少的秦统一之前,假如春秋战国时代持续下去的话,从篆书到隶书、进一步到草书的变化或许无法期待,即便有变化,与秦汉时代相比无疑十分缓慢。

文书行政(一)——诏书

　　"从发出人到接收人,期待着某种效果,有意图地发送的"文书中,首先要举出的是皇帝下达的命令,即制诏。本书在论述石刻时,已经言及文书碑。

　　第二章讲到的"孔庙百石卒史碑"是诏书碑的代表,它忠实地反映了诏书碑的样式和书式,在简牍资料中,诏书的册书以完整形态复原者有以下一系列的简:

　　　　a 御史大夫吉昧死言丞相相上大常昌书言大史丞定言元康五年五月二日壬子日夏至宜寝兵大官抒井更水火进鸣鸡谒以闻布当用者●臣谨案比原宗御者水衡抒大官御井中二﹦千﹦石﹦令官各抒别火

　　　　　　　　　　　　　　　　　　　　　　10.27

　　　　b 官先夏至一日以除燧取火授中二﹦千﹦石﹦官在长安云阳者其民皆受以日至易故火庚戌寝兵不听事尽甲寅五日臣请布臣昧死以闻

　　　　　　　　　　　　　　　　　　　　　　5.10

c 制曰可

332.26

d 元康五年二月癸丑朔癸亥御史大夫吉下丞相承书从事
下当用者如诏书

10.33

e 二月丁卯丞相相下车骑将＿军＿中二＿千＿石＿郡太守
诸侯相承书从事下当用者如诏书少史庆令史宜王始长

10.30

f 三月丙午张掖长史延行太守事肩水仓长汤兼行丞事下
属国农部都尉小府县官承书从事下当用者如诏书/守属宗助
府佐定

10.32

g 闰月丁巳张掖肩水城尉谊以近次兼行都尉事下候城尉
承书从事下当用者如诏书/守卒

史义

10.29

h 闰月庚申肩水士吏横以私印行候事下尉候长承书从事
下当用者如诏书/令史得

10.31

大意如下：

御史大夫吉说：丞相(魏)相呈上的大常(苏)昌的文书曰"大
史丞定讲到，元康五年五月二日壬子是夏至，应该解除军备，大官
从井中汲水，更改水火，进于鸡鸣时刻。特此报告以便通知相关人
员"。●臣谨向宗御者作了咨询，水衡都尉从大官的御井中汲水，

中二千石和二千石官，其民皆受，夏至的当日替换旧火，庚戌至甲寅的五日之间，解除军备，停止公务。特此呈告。

　　认可。

　　元康五年二月癸丑朔癸亥，御史大夫吉转发丞相，接受文书以后，作适当处理……

　　这是大庭脩于20世纪30年代从旧居延汉简复原的、在简牍研究中屡屡被引用的有名的册书简①（图43）。元康五年（公元前61年）二月癸丑朔癸亥（当月的一号是癸丑，那么相当于癸亥的就是二月十一日）发布的诏书，命令布告夏至的各种活动。

　　诏书的形式与"百石卒史碑"一样，采用"上奏文"＋"认可"（制曰可）＋"执行文"的形式，如果详述的话，从a到h八支简，构成方式如下：

　　首先，a和b是臣下，这里是大史丞定→大常（苏）昌→丞相（魏）相，以这样的序列提交上来的建议书，经御史大夫（丙吉）审查之后被呈奏给了皇帝。c"制曰可"是皇帝的认可，相当于王言，"a、b、c"三简是由御史大夫下发的，d则是执行的命令，责成由御史大夫到丞相等有关衙署执行呈报奏书的内容。所以"a、b、c"的部分大概相当于皇帝下达的诏书。就如所属大学，在出差之际提出"派遣单"，在派遣单的下面记有"以此作为命令状"。这与上奏文被认可之后成为命令书的道理一样。e是从丞相到中央官厅的诸机关（车骑将军、将军、中二千石、二千石）、地方官署（郡太守、诸侯相）的命令，f是从张掖郡太守发向郡府内的部门、所属县和肩水都尉府的命令，g是肩水都尉府发向属下城尉和所属候官的命令，最后

---

① 大庭脩：《居延出土的诏书册》（日文），《秦汉法制史研究》，创文社1982年版，第235—284页。

图 43

的 h 是肩水候官下发到部属和属下尉官的命令，h 的日期是闰月
庚申（九日），二月癸丑（十一日）发出的诏书到达肩水候官大约花
费了五十天。肩水候官设置在河西走廊、甘肃省戈壁沙漠之南的
金塔县。

地方行政·军事组织

　　为了便于理解以上事体,在此略述一下当时的行政机构。在中央官厅,皇帝之下首先置有三公,其下设有九卿,中二千石俸秩的大臣,二千石、比二千石俸秩的大臣有二十人。见于 a 里的"大常"是中二千石九卿之一,相当于礼部、文部大臣,或者其官署。正如日本的中央官厅,大臣之名同时也是官厅之名,其下设有若干个职能部署。官僚组织以皇帝、三公九卿为顶点,形成金字塔形构造。而且二千石显示的是官吏的俸给(作为年俸被给付的谷物量),实际上并非得到那么多俸给,例如二千石官每月得到 120 斛(1 斛约 19.4 公升),中二千石官每月 180 斛(一年 2 160 斛,约相当于 2 000 石),这不过是用来表示官阶的东西而已。

　　另一方面,就地方而言,有所谓郡县制(汉在建国之初设置了很多王国,概论书和教科书上解说为"郡国制"),郡之下有县,县之下有乡,其间是一种序列化的统属关系。郡、县的长官郡太守、县令由中央派遣,郡县正如日本的都道府县、市町村那样,各行政部局组成金字塔形结构。

　　在边境地区,郡之下设有军事行政机关的部都尉,其下为候官,候官之下的编制是燧,若干个燧形成一组,被称为部。都尉府、候官和燧,一方面是所谓军事基地,一方面也是军队单位的名称,也可以称为大队(都尉府)——中队(候官)——小队(燧)。地方军事行政组织如果用图来表示,大致如下:

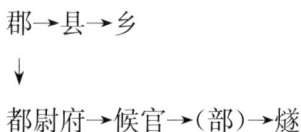

郡→县→乡

↓

都尉府→候官→(部)→燧

就额济纳河流域居延地区而言，张掖郡设有十个县，最北（额济纳河下游）为居延县，其上游，即南侧为觻得县。下游还设有居延都尉府，上游设有肩水都尉府。居延都尉府之下有殄北、卅井、甲渠等候官，肩水都尉府之下有肩水、广地、橐他等候官，大约间隔五至十公里配置一燧。

从中央到肩水候官

暂且搁置上述内容，再回到元康五年的诏书简的话题上来。来自皇帝的诏书[abc]，附上执行命令 d 下达给丞相，丞相将[abcde]等五支简编缀成的册书送交给各相关衙署。在皇帝→御史大夫→丞相这一传达路径中，受信者虽是单数，但是在这个层次以后，下发的同文诏书的数量一下子膨胀起来，其数量肯定至少达到三位数。根据《汉书·地理志》记载，在平帝元始二年（公元 2 年）的时候，郡的数量上升到一百零三，县的数量上升到一千五百八十七。至少有一百余封[abcde]编缀册书发往地方，其中之一于三月丙午的某日前到达张掖郡。然后册书增编为[abcdef]，被发往张掖郡下属的十个县和各都尉府（部都尉、农都尉、属国都尉），其他各郡也应与此相同。元康五年的诏书被送交到一千五百多个县以及都尉府，又被送交到郡府内的部局，也就是说其数量由三位数变为四位数。

册书增编为[abcdefg]，就成为从都尉府到候官的文书，在内郡则由县下到其下的乡。近年，江苏省连云港市尹湾发现了西汉成帝时期（公元前 33—前 7 年）的墓葬，那里出土了记有汉代东海郡行政组织的木牍——集簿。[1] 根据它的记载，可知东海郡有十

---

① 连云港市博物馆、中国社会科学院简帛研究中心：《尹湾汉墓简牍》，中华书局 1997 年版，第 77—81 页。

八县、一百七十乡,元康五年的诏书当然被下发到了东海郡,并可能被送交到县下近一百七十乡。这样,五十天之间皇帝发布的诏书以几何级数增加。可以说,一枚枚追加上来的简如实反映了皇帝的命令如潮水浸透漫延一般一直传达到西北边境的末端。

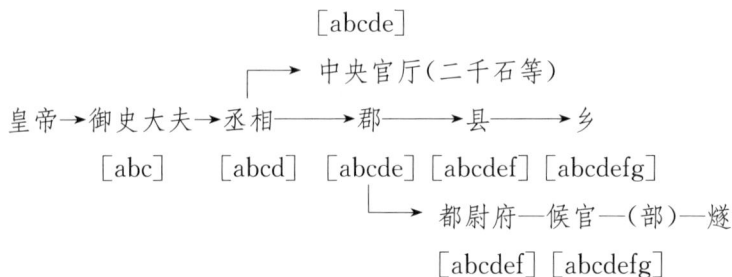

```
                        ［abcde］
                   ┌──→ 中央官厅(二千石等)
皇帝─→御史大夫─→丞相──────→郡────→县────→乡
    ［abc］      ［abcd］  ［abcde］［abcdef］［abcdefg］
                   └──→ 都尉府─候官─(部)─燧
                        ［abcdef］［abcdefg］
```

应该说,这个诏书册的确有着意味深长的内容。然而其意义并不在于它作为历史资料、特别是汉代的社会政治资料提供了迄今尚不了解的贵重信息。当然,就夏至之日各官署例行的公事而言,这是一般文献史料见不到的。我对之抱有兴趣,并非因为写在这里的是左右汉王朝政治制度的重要事件,相反它的内容是并不重要的时节性活动,属于通常事件,正因为是一般事件,作为资料才具有重要性。

甚至时节性活动,诸如夏至日这样按部就班执行的例行活动,也要依照适当手续提出奏文,取得皇帝认可,变成诏书后下达到最远端的边境军事基地,其中反映的中央集权体制下的文书行政的面貌才是我们最应该关注的。甚至这种内容的诏书都要如此彻底地执行,那么可以推知其他重要事件又该如何。不,或许应该这样考虑:不管是否属于重要事件,都要谨慎地传达到末端,这是文书行政的基本原则,是中央集权国家得以强固的神髓。

元康五年册的原貌

关于这八支简的诏书册(诏书一般以发布的年月日命名,因此该诏书册应当称为"元康五年二月癸亥诏书"。下文略称为"元康五年诏书")而言,有必须指出的事项。笔者在上文强调,处理简牍材料的时候,必须要把简牍的出土地点放在头脑中进行考察。就出土地点而言,这八支简是西北考查团在 A33(地湾)发现的,从 A33 里发现的大量的检证明,那里设有肩水候官。简 h 里有"肩水士吏横以私印行候事——肩水士吏横,以私印代行候的职务"的文句,"候"意指肩水候官的长官肩水候,这也证实了该册书与肩水候官的关系。然而考察到这里还不能结束,让我们再来看一遍简 h 的内容。其大意如下:

h　闰月庚申,肩水士吏横,以私印代行候的业务。下发候长。收到了文书以后,依照命令执行,下发给相关人员。

候长是候官之下的部的长官,最后的简 h,是候官下发给所属各部的执行命令,由八支简组成的册书也应作为文书发给肩水候官之长(这里是代行)属下各部的候长。

从肩水候官发出的文书就是这个册书,那么为何出土于肩水候官的遗址(A33)呢? 实际上,这八支简是并未被发送出去的文书。之所以没发送出去,虽然不能完全排除因为某事被留置的可能性,但是将其视作元康五年诏书的誊本、副本,大概没有错误吧。实际的诏书被发送,其副本由 a 到 h 共八枚,从上级官署下发的文书,一定要留取副本后传递到下级官署,也就是说,文书至少要做出原件和副本两部。

那么,副本的内容自不待言,书式也应照原样复写,但是笔者在简牍的书式和样式的方面仍有不解之处。

再看一遍[abc]3简的书式,a和b两简的顶端留出约1厘米的空白,其下书写文字。御史大夫丙吉上呈皇帝的奏书的原件也是同样的书式吗?(如果册书简一般使用的是竹简[参照第三章表],那么这应是竹简而非木简),这是第一点疑问。关于第二点,已经在本书第三章言及,汉代标准简牍的长度是1尺(23—24厘米),有尺一诏之称的皇帝诏书,使用1尺1寸长的简。[①] 现在假如[abc]是诏书的话(正确地仿写诏书),由皇帝(宣帝)下发的诏书原件应该是什么样的呢? 顺便指出,八支简的长度一律在23—24厘米之间,无疑都可以视为1尺简。第三点疑问是该册书与文献中"需头"这种书式的关系。在蔡邕解说汉代制度的《独断》一书中,关于上奏文的种类和书式这样说:

> 凡群臣上书于天子者,有四名。一曰章,二曰奏,三曰表,四曰驳议。章者需头,称稽首。上书谢恩,陈事。……奏者亦需头。其京师官但言稽首,下言稽首以闻。

上呈皇帝的奏章、上奏文的"需头"是在简的开头处设置余白,这是考虑到如果奏文被认可,王言简的"制曰可"的"制"字要高出一个空格。需头的"需"是"等待"或"请求"的意思,空白里包含的意思是"恭请皇帝认可,仰盼答复"。[ab]顶端的空格正是所谓的需头,这从石刻里"孔庙百石卒史碑"的"制曰可"与其他文句的相对位置

---

① 　大庭脩:《木简》(日文),学生社1979年版,第133—139页。

上也可以得到证明。

这一点基本可以理解。然而酌量上面列举的第一点和第二点疑问，[abc]的原型到底是 1 尺还是 1 尺 1 寸呢？上奏文阶段的[ab]的长度和书式如何？笔者勾画不出清晰的图像。诏书长 1 尺 1 寸，[abc]是诏书，那么[abc]的原件长 1 尺 1 寸吧。上奏文＋制曰可成为诏书。[ab]是上奏文，处在还不知道是否被认可的阶段的上奏文，预想它会成为诏书而写在 1 尺 1 寸的简上，这种推测显然是不自然的。那么，或许起先呈上的[ab]使用了标准的 1 尺长的简。如果进一步补充来说，肩水候官遗址出土的[abc]是 1 尺简，本应是 1 尺 1 寸的诏书在哪个阶段成为 1 尺了呢？

对于这样的疑问，如果进行合理的解释，或许应该这样考虑：

处在上奏阶段的[ab]，写在臣下应该使用的 1 尺标准简上。此中含有等待认可或期待的意思，如果成为诏书，则为了使"制"出头，在顶端留出空白。[ab]被认可后下发的诏书要将[ab]的文句组合进去，下发的诏书包含有本来是上奏文的[ab]两枚简，改写在 1 尺 1 寸的简上。即变形为诏书的[abc]是尺一的简，由丞相下发。这个时候，[ab]的文字所占的部分与原来的上奏文相比，留出空格扩大 1.1 倍。然后诏书呈扇状地分发传达，其长度是 1 尺 1 还是标准的 1 尺，则不得而知。

在上文论述了皇帝下发的[abc]长度的推论里，虽然三枚都被认为是 1 尺 1 寸，但是还有无法完全断定的地方，在蔡邕的《独断》里，列举了皇帝下发命令的种类，用的是"一长一短"的表述。

策书，策者简也。……其制，长二尺，短者半之。其次，一

> 长一短，两编下附。篆书。起年月日，称皇帝曰，以命诸侯王
> 三公。

这与本章"文字的统一"一节已经引用的胡广《汉制度》的文句趣旨相同，在被认为是蔡邕文的典据的《汉制度》里，无"一长一短，两编下附"这八个字。

"一长一短"的说法，也见于《说文解字》三篇上的"册"的解说："册，符命也。诸侯进受于王也。象其札，一长一短，中有二编"，"册"字象其物之形，即四枚长短不一的简，还有横向的两根编绳，这是模仿册书的"册"字，还是表现木栅的栅的形状，其实并不明确。如果当作是木栅的象形没有问题，如果看作是册书，那么"一长一短"到底说的是什么呢？它的意思原本是"长简与短简依次排列"，还是"并排编缀起来的简有短简也有长简"？

关于"一长一短"的解释，一直使研究者为之苦恼，[1]至今仍无定说。笔者也无法做出明确的解答。为何要特意用长度不同的简牍做成册书的形状？这实在令人费解。可是这里可以设想一种情况：长短两种简混在。那就是刚才讲到的1尺的上奏文与1尺1寸的王言"制曰可"组合的诏书的形状。在刚才的假说里，我们认为变成诏书下发的[abc]三支简都是1尺1寸，如果将其与"一尺一寸"联系起来的话，[abc]中 ab 短，c 应该长出1寸（以下的执行命令为1尺）。但是诏书果真是那样的形态吗？元康五年诏书册证明，至少副本是标准的1尺简。关于诏书的原貌，还是等待上级官署下发的诏书原件被发现之后再去讨论吧。

---

① 陈梦家：《汉简缀述》考古学专刊甲种第15号，中华书局1980年版，第296—299页。

文书行政(二)——上报文书

（1）●甲渠言府下赦令
（简面右行）
诏书●谨案毋应书（简面
左行）

EPF22：162

（2）建武五年八月甲辰
朔　甲渠鄣候　敢言之府下
赦令

EPF22：163

（3）诏书曰其赦天下自殊
死以下诸不当得赦者皆赦除之
上赦者人数罪别之

EPF22：164

（4）会月廿八日●谨案毋
应书敢言之

EPF22：165

这四支简出土于甲渠候官遗址的文
书库(图 44)，甲渠候官是位于额济
纳河下游最北的居延都尉府的下属
候官之一。甲渠候官遗址相当于西
北科学考查团 A8 号（破城子）遗
址，该遗址于 1973 年再次发掘调查

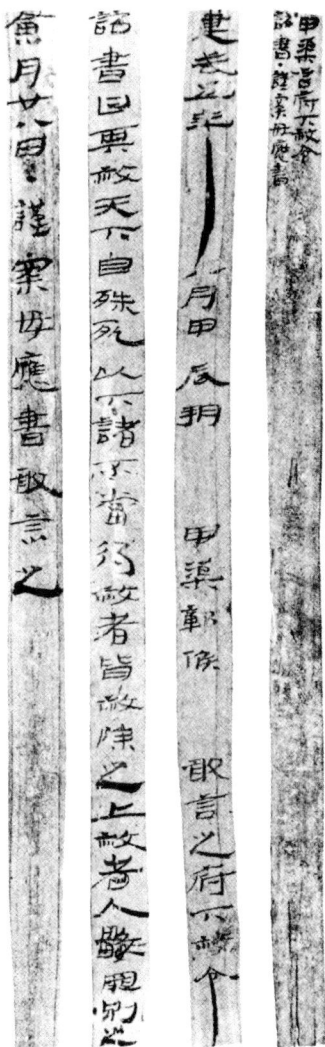

图44

之际出土三万余支木简。以上是新出的居延汉简。如果翻译简文的(2)至(4)，内容如下：

建武五年(公元29年)八月甲辰日，甲渠候官之候谨言。居延都尉府下发赦令诏书说："自天下殊死以下，不当蒙赦者，全部赦免。分别上报所赦人数与罪名。期限为当月二十八日。"经调查，无应上报者，谨言。

这是甲渠候官对其上级机关——居延都尉府下发赦令的答复，相当于发往上级机关的所谓上报文书。有"赦令诏书"的文句，该文书之前有皇帝下发的有关大赦的诏书，大概那里记有举行大赦的时期，执行文句中可能写有需在特定期限上报对象人的姓名和罪名的语句。诏书的样式应当与有关夏至的元康五年诏书相同，从长安呈扇状发出，其中一通到达甲渠候官。"府下赦令诏书"的文句证明，诏书从都尉府(居延都尉府)下发到候官(甲渠候官)。

简(1)至(4)编成的册书，是遵照接受的命令而提出的报告，由地方的终端机关报往上级机关(这里是居延都尉府)，然后上级机关再整理报往张掖郡太守，这样依次层层上报，最终被御史大夫收纳，上奏给皇帝。正如众多支流汇集为一条大河一样，与扇状浸透的元康五年诏书那样的下发文书相反，(1)至(4)就是这样的上报文书。

如上所述，该简发现于甲渠候官的置所——遗址A8，由甲渠候官发往居延都尉府的报告出土于甲渠候官遗址，说明这些简与刚才的元康五年诏书一样，都应该看作是上报文书的副本。不仅诏书有副本，发送到上级机关的文书也有副本，大概所有的文书在收发信机关都要做出副本。这样(1)至(4)的册书简的书式，更加详细地体现了其作成过程。

来看一下简(2)。在那里,发信日期和报告责任人——甲渠候官之长、甲渠候的署名被留作空白。由此来看,文书并非从最初就区别为呈送件和副本分别作成,而是先准备两份,都空出日期和署名,等到实际送出之际填入。本来也有在副本上书写日期的,留作空白保管的也不少。这样的文书做法与现在的行政事务相比也无费解之处。另外,亲笔署名的地方被空出来,说明只有署名之处为甲渠候官之长、甲渠候亲笔,其他部分均为他人代笔。

最后,关于简(1),"●甲渠言府下赦令/诏书●谨案毋应书",作为文章并不完整,只不过是对(2)(3)(4)简文进行断片的排列。此外,以"●"来断句,说明它大概是相当于简单记录保管于甲渠候官的文书内容的标题简。但是这个标题简是在保存副本时作为标识附加上去的东西,抑或就是呈交文书的标题,两者都有可能。

以上通过介绍简牍资料中的下发文书、上报文书,对汉代文书行政的一个侧面作了解析。如果比喻为扇子的话,以皇帝命令为首的下发文书呈扇状散布浸透,来自下级机关的上报文书则向扇轴集中上收。位于扇轴的是皇帝,可以说扇子的形状就是中央集权国家。这样的文书行政,即行政命令,经过一个个官署时被一支支添加起来,再传布下去,或被集中上来,使这个过程成为可能,就是作为书写材料的简牍的形态。简牍具备可追加文档的机能,是因为它可以规定诏书形式,然后在传达之际发挥累加执行文句、上告文句的机能。

书记官及其相关问题

文书记有发信者姓名是很普遍的,发信者自己并不撰写文书,除了亲笔签名的部分,包括诏书在内,上报文书和下发文书一般都由书记官撰写。各个官署都配有书记官,太守府、都尉府的书记是掾、属、卒史、书佐,候官之下则有令史和尉史两级书记,其下又有候史,各自拥有固定职名,书记的一般名称叫做"史"。

关于史的任用,《说文解字·序》和《汉书·艺文志》的以下记载常常被引用:

> 尉律。学僮十七以上始试。讽籀书九千字,乃得为史。又以八体试之。郡移太史并课。最者以为尚书史。书或不正,辄举劾之。
>
> 《说文解字·序》
>
> 大史试学童。能讽书九千字以上者,乃得为史。又以六体试之。课,最者,以为尚书、御史、史书令史。吏民上书,字或不正,辄举劾。
>
> 《汉书·艺文志》

关于书记官的录用,这一记录说,通过考试任用成绩最优秀者为尚书官史等书记官。《说文解字·序》将其作为尉律加以介绍,关于此律是否存在,以及这样的规定从何时起被执行,以前并不明了,最近其详细情况通过简牍资料得以究明。

1983 年,湖北省江陵县张家山发现了汉代墓葬。247 号墓出土一千二百余支竹简,其中包括题为《二年律令》的五百二十六支汉初的律令简。[①] 关于"二年",主流意见认为是吕后二年(公元前186 年),发现的法律条文是西汉初期的遗物。其中有以"史律"为

---

① 张家山二四七号汉墓竹简整理小组:《张家山汉墓竹简[二四七号墓]》,文物出版社 2001 年版,第 1—2 页。

律名的若干条文,记有以下内容:

> 试史学童以十五篇。能讽书五千字以上,乃得为史。有
> 以八体试之。郡移其八体,课大史。大史诵课,取最一人以为
> 其县令史。殿者勿以为史,三岁壹并课,取最一人以为尚书
> 卒史。

虽然细部有出入,但是一看就知道,这是《说文解字》和《汉书·艺文志》引以为据的规定,在汉代初期就被律令化了。汉律承袭了秦律,因此将其看作是秦代就已存在的规定应该不会有错误。当时实行中央集权体制,建构以"书同文字"为代表的文书行政,有关书记任用的规定也已经得到确立。

如此被录用的书记官,其数量急剧增加。边远地区末端军事机关的候官,甚至其下级的部也配有书记官。

字书为谁而作——从流沙出土的资料谈起

在此,将话题转移到敦煌汉简之中的书籍简。《孙子》、《仪礼》是从墓葬中发现的,是与墓主一起埋葬的随葬品。因此出土的书籍都是作为一册书在一定程度上被归整在一起,而边境的军事基地、烽燧出土的简牍则是在当地实际使用之后被废弃的。

发现于流沙戈壁的书籍类物品,从对匈奴战争这一背景来看,应该有《孙子》,然而这样的兵书却基本上没有发现(因为全是断片,不能断定完全没有),发现的书籍类遗物,包括历法、字书以及医学方面的实用书籍,这些都为生活所必需,出现于遗址之中也是合情合理的。

关于字书,有当时代表性的字书《急就篇》和《苍颉篇》等。记有两者内容的简牍在居延和敦煌都发现了多枚。但是不知何故,它们有一个共同之处是书写内容集中于开篇的部分。

☐就奇觚与众异罗列诸物名姓字分别部居不杂侧☐

169.1A.561.26A

☐奇觚与众异罗诸物名姓字分别部居☐

169.1B.561.26B

急就奇觚与众异罗列诸物名姓字分别部
居不杂侧用日约少诚快意勉力务之必有熹请道其章

EPT5：14A

☐罗列诸物名姓字☐

EPT48：78

苍颉作书以☐☐☐

85：21

苍颉作书以教后☐

185：20

苍颉作书以教后嗣幼子承昭谨慎敬戒勉力风诵昼夜勿置
苟务成史计会弁治超等轶群出尤
别异

EPT50：1A

苍颉作书以教后子☐☐史☐☐

EPT56：40

书写开篇部分以外者也并非皆无,例如:

第六褚回池兰伟房减罢军桥窦□□□□宣□奴殷满息

EPT48：54A

这是罗列人物姓名的部分，相当于《急就篇》第六章（松江本《急就篇》的卷数），也包含于《苍颉篇》，为何出土简多为开篇部分？

须磨源氏认为，居延汉简、敦煌汉简等汉代边境烽燧出土的这些识字教科书，都是在做习文认字的练习之后扔弃的，所以开篇部分得以集中残留。在这个意义上，这些字书简并不是书籍的一部分，而是进行书写练习之后丢弃的废简。

总的来说，《急就篇》《苍颉篇》等被称为字书、小学书，被认为是作为对学童进行识字教育的课本来编纂的。[①] 正如《急就篇》开篇的第二句所说"罗列诸物名姓字"，的确是以三字句、六字句列举人物名、事物名的，并以此记忆文字，在此过程中，要进行诵读，也就是出声练习。但难以理解的是，为何在额济纳河流域的汉代烽燧遗址发现这样的识字课本呢？到底谁在习字？戈壁沙漠的军事基地也有应该接受教育的学童吗？

《急就篇》保存至今，我们可以看到全文。那里列举的人名、事物名都是极为现实、极为普通的，刚才举出的人名——"罢军"，记载于《急就篇》第六章，在居延汉简、敦煌汉简中被确认为真实的人名。

居延安故里孙罢军年廿三剑一黑色长□

340.39

---

① 小川环树：《中国的字书》（日文），《小川环树著作集》第 1 卷，筑摩书房 1997 年版，第 124—165 页。

罢军伏地请

　　　　　　　　　　　　　　　　　　D1618

　　以上两简出土于额济纳河流域的居延和疏勒河地区的敦煌,地点和时间都不同,两简的"罢军"是两个不同人物,这说明它是当时常见的人名。正因为如此,才被列入识字书的人名篇里。罢军"停止兵役",这一名称中大概包含着当时庶民的愿望。

　　另外在《急就篇》第十三章中,"简札检署椠家"等字排列在一起。它们是文书行政中不可或缺的书写材料的种类。还有第二十八章里罗列着"鬼薪白粲钳釱髡"等不常见的文字。这些是鬼薪、白粲、髡钳、釱趾等汉代劳役刑名。

　　那么,学童最初必须记忆的文字,是使用场合极为特殊的刑罚名称吗? 恐怕不是。见于《急就篇》上的文字,是行政、司法中使用的极为特殊的专门用语,而且在与学童几乎无缘的边境烽燧出土了大量练习废弃的实物。由此来看,需要《急就篇》的是勤务于烽燧的吏役和士兵,《急就篇》、《苍颉篇》等字书,与其说是学童的识字教科书,更可能是书写行政和司法文书的人们的参考书。

　　书记官未必全是谙熟文字的老手,职历尚浅的新人还必须学习必要的字句,《急就篇》和《苍颉篇》就是这方面的学习用书。

　　上文举出的关于建武五年八月之赦的报告里,恰巧没有书写适合恩赦者的姓名和罪名(这里的罪名指的是刑罚名称)的必要。但是如果有适合对象的话,当然必须要书写其姓名和刑罚名称。例如"鬼薪徒"、"罢军"等等。

　　说到学童的识字课本,首先浮上脑海的大概是《千字文》。它是南朝梁周兴嗣(公元470—521年)受梁武帝之命而作,据传全书是收集了王羲之的墨迹缀合而成的。[①] 暂且不论它与王羲之的瓜葛，就其形式而言，从开头的"天地玄黄、宇宙洪荒、日月盈昃、辰宿烈张"起四字一句，隔句押韵，一字不重地将一千字二百五十句韵文连缀在一起。再看其内容，从宇宙的秩序说起，言及自然万物、人生之道。文章优美，内容高迈，的确是适合童蒙教育的佳作。还有一说称《千字文》是武帝为诸皇子而作，这或许是根据文章格调而提出的一种推测。《千字文》产生于南朝贵族社会，而且只能流行于斯，这一点不难理解吧。

我认为，同为识字练习读本的《千字文》和《急就篇》，对象和用途完全不同。假如作为贵族社会的学童识字书，《急就篇》的实用性太强，故而显得过于鄙俗。相反，《千字文》即便成书于汉代，对于行政、司法用语的练习也全无用处，不太可能出土于大漠烽燧。

文书传递——两种检

前文对下发文书和上报文书如何贯彻到各官署作了一番通观。但是必须说，以此理解当时文书行政的贯彻是不够的。下面先看一下邮传系统的实际状况再作论述。

发送的文书必须附加署明收信地址的检，所谓检，正如第三章已经说明的，是指附在文书上写着收件地址的木札。居延、敦煌出土的检分为两种，一种仅写有收件地址（下例1），另一种则写有收件地址和传信方式，有"以邮行"（邮传递）、"以亭行"（亭传递）等字样（下例2）。

---

① 小川环树：《〈注释千字文〉解说》（日文），《小川环树著作集》第1卷，筑摩书房1997年版，第416—442页。

1. 张掖甲渠塞尉(简面右行)

甲渠官◎(简面中行)

九月癸亥卒同以来(简面左行)

133.1(A8)

居延令印(简面右行)

◎甲渠发候尉前(简面中行)

□□□□□以来(简面左行)

55.1A

高仁叩头白记(简面右行)

◎(简面中行)

甲渠候曹君门下(简面左行)

EPT40：7

2. 居延甲渠候官以邮行

EPT58：111

☑(简面右行)

甲渠候官以亭行(简面中行)

正月丁酉第八燧卒年以来(简面左行)

EPT51：135

居延仓长(简面右行)

甲渠候官以亭行(简面中行)

九月辛未第七卒欣以来(简面左行)

EPT51：140

就第 1 组而言，"甲渠官"应该是收检机关(这里作甲渠候官)，"甲渠发候尉前"(55.1A)表示的是，"寄甲渠候官，在甲渠候、尉面前

开封",EPT40：7检面标明书简是高仁寄给
甲渠候官曹君的。属于第1组的检,其收
件人为机关、官职名和个人,多有封泥匣。
此外,"某某印"是开封时抄录在检上的封
泥匣上的印文,"卒某以来(卒某带来)"是
投递者的名字,这些均是在收信地甲渠候
官记录下来的,因此与收件人"甲渠官"字
体不同,可以看出墨色浓淡的差别(图45)。

　　第2组主要是机关名,附记"以亭行"
(亭传递)和"以邮行"(邮传递)等传递方
式。虽然记有一些官职名,但是像第1组
EPT40：7那样明确寄给个人的亲笔信是
不存在的。

图45

　　第1组检没有记录传递方法,因此无
法了解邮书是如何寄送的,可以说那只是写了名字的信封,有了附
记"以亭行"、"以邮行"的第2组检,才满足投递的条件。在此基础
上推测投递的状况,大致应该是这样的：首先,附有检的个体文
书,检是被系结在文书上的。若干个附检文书,被整理在一起放入
囊中,然后在囊上再附一支写有收件地址的检。也就是说,存在两
种检,内置检(暂且称之为"内检")和收纳全部投递文书的外置检
("外检"),内检不一定书写寄送方式,只要书写收信地址和收取人
的姓名就可以了。外检上应须书写"以邮行"等传递方法。上述的
第1组检是内检,第2组检是外检。[1]

───────────────

[1]　冨谷至：《3世纪至4世纪书写材料的变迁——以楼兰出土文字资料为中心》(日文),
　　冨谷至编《流沙出土的文字资料》,京都大学学术出版会2001年版,第477—526页。

　　那么再来看一下外检,系着"甲渠候官以亭行"的检的袋囊中,收纳的都是由甲渠候官接受的文书吗? 恐怕并非如此。写在外检上的收件地址是邮人的最终到达地点,而非囊中单个邮件的收件地址,换句话说,它指的是袋囊的收件地址。"甲渠候官以亭行"、"甲渠候官以邮行"中的"甲渠候官"是袋囊的最终到达地,发往传递途中经过的亭或邮的文书也放在袋囊之中。

　　如果考虑到这一点,我们推测,在各个邮、亭,外囊的囊口都要被打开,第2组的外检没有封泥匣的应该不在少数。没有封泥的检,不正是那种被系结在途经邮书传递设施就要开封的囊上的检吗? 进一步而言,关于邮书传递,正如下文将要详述的,在各个传递站点要记录邮件的细目,诸如"南(北)书○封一封○○印诣○"[向南(北)发送的文书,几封。一封,○○盖章。○○收]。取掉外检,打开袋囊,是一个必要前提,如果不是这样,事情就无法理解。

文书传递——邮亭

　　"以邮行"、"以亭行"表示的是文书传递的方法,"邮"、"亭"是指邮书传递机关,这在前文已经言及。这里简要论述一下被称为邮亭的文书传递机关或者官署。

　　在文书行政体系形成的秦汉时代,传递文书的中继机关被称为"邮"、"邮亭"、"置"等等。它们与郡、县、乡等地方行政机构拥有怎样的关系,迄今有很多探讨,也存在诸多争论,随着最近出土的文字资料,这些疑问逐渐云开雾散。

　　作为有关邮亭的既有的基本史料,《汉书·百官公卿表》、《汉仪》中的以下条文常常被引用:

1. 大率，十里一亭，亭有长，十亭一乡，乡有三老、有秩、啬夫、游徼。三老掌教化，啬夫听讼，收赋税。游徼徼循禁盗贼。县，大率，方百里，其民稠则减，稀则旷。乡亭亦如之。

《汉书·百官公卿表》

2. 设十里一亭，有亭长、亭候。五里一邮，邮间，相去二里半。

《汉官旧仪》

3. 设十里一亭，有亭长、亭候。五里一邮，邮人居间。

《汉旧仪》

问题涉及许多方面，其中最关键的是，关于"十里一亭"的"里"是表示里程，还是表示"方十里"的面积，或是指作为聚落的里，有各种各样的见解，解释不同，对于邮亭的理解也完全不同。将其彻底解明的是上文介绍江苏省连云港市尹湾汉墓出土的记录了汉代东海郡行政组织的"集簿"，还有湖北省江陵张家山汉墓出土"二年律令"的两件新出简牍。

县邑侯国卅八县十八侯国十八邑二其廿四有城堞郡官二

集簿 A1

乡百七十□百六里二千五百卅四正二千五百卅二人

A2

亭六百八十八卒二千九百七十二人邮卅四人四百八如前

A3

界东西五百五十一里南北四百八十八里如前

A4

县三老卅八人乡三老百七十人孝弟力田各百廿人凡五百
六十八人

A5

在上面引用的"集簿"的第三行(A3)中,亭—亭卒—邮—邮人的系
统及其数目同时得到确认。《二年律令》中有关邮亭制度的律,包
含在《行书律》中,其中有条文规定了邮的设置:

> 十里置一邮,南郡江水以南,至索南水,廿里一邮,一邮
> 十二室,长安广邮廿四室,敬事邮十八室,有物故,去,辄代
> 者有其田宅,有息户勿减,令邮人行制书,急书,复勿令为他
> 事,畏害及近边,不可置邮者,令门亭卒,捕盗行之,北地,
> 上,陇西,卅里一邮,地险陕不可邮者,得进退就便处,邮各
> 具席,设井磨,吏有县官事而无仆者,邮为炊,有仆者,假器,
> 皆给水浆。

二年律令 264—267

意为:每十里置一邮,自南郡江水以南到索县南水的地域,每二十
里一邮,一邮有十二室,长安的大邮为二十四室,警事邮有十八室。
(邮人)死亡或者离去,接替者继有其土地和房宅,有子息的话,户
数不可减少。令邮人投递制书和急书时,不再让其从事其他杂役。
治安不好的地方,邻近国境的地方不能置邮,派遣门亭卒捕盗。北
地、上、陇西诸郡,三十里一邮,地势险峻、土地狭小而无法置邮的
地方,可以在附近寻找合适地点,各邮准备席垫,设水井和磨盘,官
吏因公出差无仆人跟从者,邮人为其准备伙食,有仆人者,借给器

皿,任何情况下都要提供用水。

根据新出的资料,可以肯定的是,关于《汉旧仪》、《汉官旧仪》里所谓"设十里一亭,五里一邮,邮人居间(邮间相去二里半)"条文的解释,"十里"表示里程,不是十里四方所说的面积,更非聚落的意思。

此外,新出的《二年律令》264 简中作"十里置一邮"、"廿里一邮"。不写"十里一邮",而写作"十里置一邮",这明确表明"十里"、"廿里"指的是距离。以《汉书》为首的历代史书始终是在这个制度术语的基础上进行引用的。

可是在《二年律令·行书律》中,有"十里一邮",可能有人会问,如何说明它与《汉旧仪》等文献里"十里一亭,五里一邮"的关系。一个可能的解释是,《行书律》记载邮,《汉旧仪》记载亭,同样是十里,这或许是时代差,或者是地域差,或者是地理条件造成的差异。

还有一个解释是,"邮"、"邮亭"、"亭"在各自的史料中语意都有一定的广度,不一定是严格区别语意写下的,从狭义和广义的区别来看,"邮"和"亭"使用的都是广义上的含义。

的确,"以亭行"、"以邮行"中的"邮"、"亭"是有区别的,"十里一亭、五里一邮"的"邮"和"亭"也的确是作为不同的机关被列举出来的。然而"邮"也被写作"邮亭"。亭是发挥监视、警察功能的机关,具有亭的作用的邮就是邮亭,邮亭是邮的特别机关,打比方来说,警察署设置在邮局里可能就成为邮亭。广义上的亭(邮亭)也可以称为邮,由此,"十里一邮"等同于"十里一邮亭"这样的解释是成立的。关于《行书律》的"十里一邮"和《汉旧仪》的"十里一亭",笔者同意上述后一种解释。

文书行政的贯彻执行——邮书刺、邮书课、邮书举

上述邮传网不仅分布于内地,也延伸到边境地区,从《二年律令·行书律》的规定里附加有关系到地方的特殊例外措施来看,这是很明确的。额济纳河的张掖郡居延一带,即行政区划上的居延都尉府以及肩水都尉府管辖内的干道沿线,也排布着邮和邮亭。邮和亭与燧、部、候官等军事行政官署并置,其状况也相当清楚,这里就不再赘述。下面想就邮书传递业务进行阐述。

在A8(甲渠候官)出土的木简中,有很多值得关注的邮书传递记录。这些记录可以区分为以下两大类:

　　[A]

　　北书五封夫人(简面中行上方)

　　其一封肩水仓长印诣都尉府　一封昭武长印诣居延　三月庚戌日出七分吞远卒☒(简面右行)

　　　一封觻得丞印诣居延　一封氏池长印诣居延五分付不侵卒受王(简面中行)

　　　一封居延左尉印诣居延(简面左行)

　　　　　　　　　　　　　　　　317.1(A8)

　　　六月戊申夜大半三分执胡卒常受不侵卒乐(简面右行)

　　　南书二封　皆都尉章●诣张掖大守●甲校己酉平旦一分付诚北卒良(简面左行)

　　　　　　　　　　　　　　49.22.185.3(A8)

　　正月辛巳鸡后鸣九分不侵邮卒建受吞远邮(简面右行)

卒福壬午禺中当曲卒光付收降卒马卬(简面左行)

　　　　　　　　　　　　　　　　EPT51：6

[B]

正月戊午食时当曲卒汤受居延收降卒襄下铺(简面右行)

　☑诣张掖大守府　临木卒护付诚北燧卒则当曲□□北
(简面中行)

　☑时中程(简面左行)

　　　　　　　　　　　　　　　56.37(A8)

三月癸卯鸡鸣时当曲卒便受收降卒文甲辰下铺(简面
右行)

　书一封居延都尉章　诣大守府　时临木卒得付卅井城北
卒参界中九十八里定行(简面中行)

　十时中程(简面左行)

　　　　　　　　　　　　　　　EPW：1

以上[A]、[B]简都是居延都尉甲渠候官管辖内的文书(因为是邮
递文书,木简记作邮书或过书)的传递记录。虽然细部未必一致,
甲渠候官内的燧的排列应该大致如下：①

　　其中位于甲渠候官北边的烽燧是收降部(收降燧),南端是临
木部(临木燧),中间从北起排列着的是不侵、吞远、诚北三部。②

---

① 冨谷至：《关于亭制的考察》(日文),冨谷至编《边境出土木简的研究》,朋友书店
　2003 年版,第 367—410 页。
② 李钧明：《汉简所见"行书"文书述略》,《秦汉简牍论文集》,甘肃人民出版社 1989
　年版,第 113—135 页;吉村昌之：《关于居延甲渠塞部燧的配置》(日文),《古代文
　化》50 卷 5 号,1998 年。

```
                                    ↗万年
(北)居延都尉府…收降→当曲→不侵──→吞远
                                    ↘执胡→诚北→武贤→临木
                                      →卅井候官
(加粗是设有部的燧)
```

有关邮书的记录记载着这样的内容:"北书(北送文书)几封,某月某日某时,某燧之某卒从某燧之卒接收,交付某燧之某卒",[A]仅仅记录传递经过,与此相对,[B]中出现了"界中○里"、"定行"、"中程"等不见于[A]的词语。"定行"是指一定区间("界中某里")规定的邮书传递所需时间,"中程"是指在规定时间内送达,[B]涉及的内容是检查邮书传递是否按照规定进行。实际上,[A]被称为"邮书刺"或"过书刺",而[B]是被称为"邮书课"的记录或者文书。"刺",正如《释名・释书契》所说:"书称刺书,以笔刺纸简之上。"意思是"记"。"课"意为查验、检查,与上文引用过的史律中所说的"课大史"(第四章)同义。

甲渠候官(A8:破城子)出土了不少"邮书刺"、"邮书课"的递状简、标题简:

建始二年十二月甲寅朔甲寅临木候长宪敢言之谨移(简面右行)

邮书课一编敢言之(简面左行)

EPT51:264

临木部建武八年闰月邮书课

EPT20:2

临木燧建始二年二月邮书刺

EPT51：391

●吞远部五年三月过书刺

EPT52：72

EPT51：264 是临木部送交甲渠候官的邮书课的递状，其他四简是被附加在邮书刺、邮书课上的标题，这样的邮书传递记录，在与邮书传递有关的邮（此处为部）中逐一留下记录，然后每月被汇总起来向上级官署报告，上述简牍的文字和出土场所如实地证明了这一点。

参照下面的简可知，还有必要将邮递记录报告至更上级的机关：

建昭四年四月辛巳朔庚戌不侵候长齐敢言之官移府所移邮书课举曰各推辟部中牒别言会月廿七日●（简面右行）
谨推辟案（简面中行）
过书刺正月乙亥人定七分不侵卒武受万年卒盖夜大半三分付当曲卒山鸡鸣五分付居延收降亭卒世（简面左行）
EPT52：83

意为：建昭四年（公元前 35 年）四月三十日，不侵候长齐报告。由候官转交过来的都尉府下发的邮书课举说："调查各部，按项目分类报告，以当月二十七日为限。"●根据严格调查，查验过书刺，正月乙亥人定七分不侵卒武接收自万年卒盖，夜大半三分转交给当曲卒山，鸡鸣五分转交给居延收降亭卒世。

　　检查邮书传递之际，当邮书课发现邮书迟递，需要写一份说明迟递原因的报告，并且列举问题点，称为举书，因为举书关系到邮书课，所以叫做"邮书课举"。上面的 EPT52：83 是报告书简的一支，其内容讲的是居延都尉府向甲渠下达了答复期限为当月二十七日的举书（邮书课举），举书由甲渠候官转送至不侵部，不侵候长收到以后，查对了万年→不侵→当曲→收降等各个环节的邮书传递记录——邮书刺。

　　以上围绕着文书传递的状况展开论述，内容延及细枝末节，恐怕给读者留下了偏离文书行政大纲的印象。这里笔者想要阐述的内容概括如下：

　　邮递的文书，在邮和邮亭留下邮递记录。首先是记录了邮书件数、邮递时间和送达状况的邮书刺，还有检查邮书是否在规定时间内得到投递的邮书课，邮书课要在一定的天数汇总起来呈至上级机关，从多个基层邮亭收集起来的文书和邮书传递记录，经过整理以后进一步报送上级机关（边境为都尉府，内地可能为县或郡）。经检查发现问题之时，下达命令展开调查，并限定报告期限。通过这样的方式，可以监督各个层次官署的文书传递是否顺利展开，文书行政的贯彻如此地严格而又周密。还要补充说明的是，以文书来检查文书传递——如此的文书行政的重层构造、重层性的文书行政，也就是中国古代的集权国家体制，亦可以称为书写记录的世界。

第五章
楼兰出土的文字资料——
木和纸的并用

再谈书写材料

第三章结尾提到,我们已经站到了重新考虑由简牍到纸的变迁的章节之前,然后脱离原轨转而介绍文书行政的状况,在此让我们返回本来的文脉,思考一下由简牍到纸的书写材料变迁。

蔡伦发明蔡侯纸是在公元 105 年,"自是莫不从用",这是《后汉书·蔡伦传》里面的记载。很多概论性书籍、教科书认为,在蔡侯纸之后纸固定成为普遍性的书写材料,虽然在一些不适于用纸、耐久性要求高的场合还使用木和竹,但一般性的文书和书籍都以纸来书写。①

然而魏晋时代以降,纸虽然作为书写材料占有牢固的地位,但是简牍仍在使用,纸在官方得到普及是 5 世纪以后,这就说明纸的普遍使用并非一个容易的过程。②

讲到纸的普及和销售,一定会被引用的例子大概是"洛阳纸

---

① 阿辻哲次:《图说汉字的历史》(日文),大修馆书店 1989 年版,第 80—89 页。
② 井上进:《中国出版文化史》(日文),名古屋大学出版会 2002 年版,第 72—76 页。

贵"的故事。西晋的诗人左思（公元？—305 年）作《三都赋》，描绘了三国时代魏、吴、蜀都城的繁荣，作品得到普遍赞赏，人们纷纷传抄，导致纸张价格腾贵。见于《晋书·左思传》的这个故事，用夸张的手法表现了《三都赋》如何受到欢迎，但是它实际上不能证明纸已经达到了通货膨胀的状态。还有所谓的"纸"是否就是 paper，是否就是《蔡伦传》中所见的"薄片状的书写材料"，都不清楚，以此断定左思生活的 4 世纪初书写材料都是纸（paper），未免过于武断。

离开"洛阳纸贵"这样的比喻性表现，让我们根据实际的文献资料考察一下公元 2 世纪以后书写材料的实际状态。

《后汉书·吴祐传》有一则故事说，吴恢成为南海太守，欲杀青经书携行而去，被其子吴福劝止。其理由是，经书有两台车的分量，有可能被怀疑运送某种奢侈物品，放弃为好。

两台车之多的杀青经书，无疑不是纸张而是竹简。吴恢成为南海太守是在安帝时期（公元 107—124 年），距离蔡侯纸被进献朝堂的和帝时代大约十年。蔡侯纸问世以后，经书一般仍然写在竹简之上。

此外，在《三国志·公孙瓒传》所引《典略》中，述及公孙瓒伪造诏书：

> 窃其虚位，矫命诏恩，刻金印玉玺。每下文书，帛囊施检，文曰：诏书一封，邟乡侯印。

附上检放入帛囊之中的诏书用纸做成的可能性并非完全不存在，但如果以惯例来看，应该还是简牍。公孙瓒事件据推测发生在公元 190 至 200 年之间。

景初二年（公元 238 年），魏明帝在临终之际，欲将后事托付给燕王曹宇,然而围绕着权臣曹爽和司马懿的待遇问题,朝臣的对立不久演变为政变。

> 帝曰:"曹爽可代宇不?"放、资因赞成之。又深陈宜速召太尉司马宣王以纲维皇室,帝纳其言,即以黄纸授放作诏,放、资既出,帝意复变,诏止宣王勿使来,寻更见放、资曰:"我自召太尉,而曹肇等反使吾止之,几败吾事。"命更为诏,帝独召爽与放、资俱受诏命。

> 　　　　　　　　　　　　《三国志·魏书·刘放传》

在此,数道诏书被颁布,由文献中所说的"黄纸"来看,诏书一定是被写在纸上。

如果认为上述文献表明的是 2 世纪到 3 世纪的状况的话,那么可知,当时一方面简牍诏书仍在使用,另一方面也在向纸诏书过渡。至少可以说,书写材料绝非以蔡伦献纸的元兴元年(公元 105年)为界由简牍突变为纸的。那么记录在简牍上的书写物,到底什么时期经过怎样的过程过渡为纸?让我们将视线从文献史料转移到出土文字资料,看看出土书写材料述说的 3 世纪到 4 世纪,即蔡伦以后的时代的状况。

斯文·赫定与楼兰王国

20 世纪被称为"探险的世纪"。南极和北极的踏勘、欧洲列强对中亚的探险和调查,其目的虽然与政治和军事的考虑密切关联,但是不可否认,大量重要遗迹都是由这些探险家公之于世的。涉足西域的著名探险家包括英国的奥雷尔·斯坦因、俄国的普鲁杰维斯基(N. M. Przhevalskij)、德国的勒柯克(Albert von LeCoq)、法国的伯希和(Paul Pelliot)、瑞典的斯文·赫定,其中斯文·赫定从 1890 年初至 1934 年历经大约半世纪的中亚探险,留下了丰硕的成果,说斯文·赫定是探险世纪的最杰出者并不过分。

在赫定的探险旅程中,最有名的应该是被称作彷徨湖的罗布泊以及湖畔楼兰王国的发现。1901 年楼兰遗迹的发现给 19 世纪末到 20 世纪初欧洲的罗布泊论争画上了休止符,赫定因此提出罗布泊移动说。①

对于考察书写材料变迁的本书后章的论述而言,最重要的出土文物是从赫定发现的楼兰遗址中出土的文字资料。

楼兰出土的文字资料,包括 1901 年赫定发现楼兰遗址时收集到的遗物,还包括斯坦因于 1906 年和 1907 年、大谷探险队的橘瑞超和野村荣三郎在 1908 年至 1909 年,以及赫定率领的西北科学考查团的黄文弼于 1930 年分别在调查罗布泊附近的楼兰遗址之际获得的木简和纸,其总数达到八百件。

其中黄文弼发现的七十余件木简是出土于罗布泊北岸被称为土垠汉代军事设施遗址的汉简。此外的七百余件是斯坦因在编号为 LA、LB、LC、LF、LK、LM 等魏晋遗址发现的遗物。出土地点在当时是什么官署? 各种文字资料为什么在那里出土? 由于出土文字资料的数量还不够大,而且缺乏显示遗址性质的内容的资料,这些遗址的情况还不像已经根据居延汉简探明的额济纳河流域的汉代遗址那样清楚。但是就年代以及出土资料的特点而言,以下

---

① Hakan Wahlquist:《西域考古学的诞生和开展》(日文),冨谷至编《流沙出土的文字资料》,京都大学学术出版会 2001 年版,第 3—80 页;冨谷至:《斯文·赫定、罗布泊、楼兰》(日文),《丝绸之路研究丛刊》6 号,2002 年。

情况是明确的：

　　关于楼兰出土的魏晋简、纸，有纪年的文书中以嘉平四年（公元 252 年）为最早，前凉建兴十八年（公元 330 年）的简时代最晚。纪年简集中于西晋武帝泰始年间（公元 265—274 年），它们应该是西晋置西域长史府于该地、展开西域经营的时期。用古典汉文写成的木简、纸张是与服务于晋王朝所置军事指挥部——西域长史府的兵吏有关的公私文书和帐簿等等。

　　就我们正在关注的书写材料变迁问题而言，这些出土资料正是 3 世纪到 4 世纪的遗物，这里既有简牍又有纸张。可以说，对楼兰出土的木简和古纸进行分析是弄清由简牍到纸的转变的绝好方法。

　　如果将内容繁杂的楼兰出土资料进行分类的话，可以分为：（1）书籍、（2）信件、（3）簿籍、（4）符和检、（5）官方文书、（6）其他缺乏分类线索的文字资料。现在就想遵循这样的分类，对简牍和纸进行比较，看看书写材料过渡到纸的过程。

纸制书籍

　　这里列举的书籍包含字书之类以及练习用的书写物。首先需要指出的是，从楼兰遗址出土的书籍残片，其数量达到十余片，均为纸张，不包含一片简牍。

　　让我们来看一看 M. 253、M. 255、M. 256、M. 257、M. 259 等纸制书籍的残片（图 46）。

　　M. 253 是《春秋左氏传·昭公八年》的文句，M. 259 则是《左传·襄公二十五年》的文句，M. 255、M. 256、M. 257 可能也是类似的书籍，只是无法确定书名，这些书籍字体极为近似，一字一句用近于楷书的工整字体写成，而且在纸的上部留出几厘米的空白，划

M.255

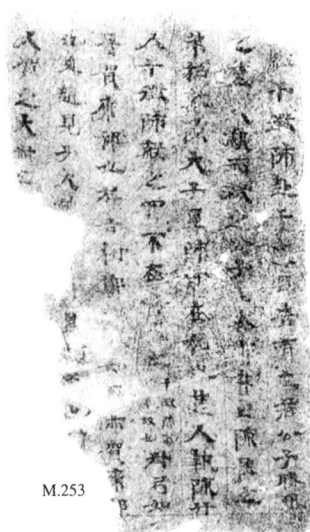

M.253

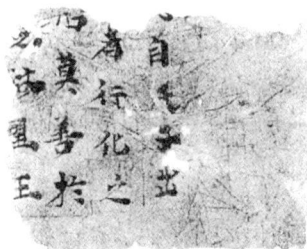

M.256

M.259

M.257

图 46

出纤细的栏线。

M. 253、M. 259 有一个特点值得注意。

在 M. 253 的第四行中央和 M. 259 的第二行上部，可以看到附带有两行注释、即所谓插注。这在后来成为一般注释本的普遍形式，有意思的是它已经出现在楼兰出土的手写本《春秋左氏传》中。

上部留出的宛若稿纸一样的余白、似乎按照统一标准画出的纤细栏线以及书写工致的字体，还有常见于后世书籍的两行注，从这些特点来看，M. 253、M. 259 以及可以归诸一类的 M. 255、M. 256、M. 257 等书籍残片，都应是精心完成的、属于上等部类的书籍，至少不是初学者随便抄写、或是练习用的写本一类的书籍。

楼兰出土的古纸并非只是规范工致的书籍，还存在不少不同于书籍而可能是练习用的废纸的残片。

M. 169—M. 173 是书籍的抄本，与 M. 253、M. 259 完全不同，栏线的画法粗糙、杂乱，并不一定是统一勾画出来的，可以清楚地看到随意添加断线的痕迹。书写出来的文字也并非完全收在栏线之内，不清楚到底为何画线。或许是因为有这样一种固定观念：书籍必须要画出栏线才能书写。

M. 169—M. 173 两面都写有文字，内容都是《急就篇》开始的部分，这从"急奇觚与众……"（本应写作"急就奇觚"的地方误写作了"急奇觚"）一类居延出土木简上的常见文言就可以得到明证。与汉代一样，晋代西域军事驻屯地也出土这种识字书，这说明文书行政和书记官等事物在 3 世纪的西晋时代依然延续，书写《急就篇》的材料则由汉代木简变成了纸。

楼兰出土的纸的《急就篇》也与居延汉简的同类物品一样，是习字之后的废纸，但是这五枚破片原本应该是一张整纸，图 47 是

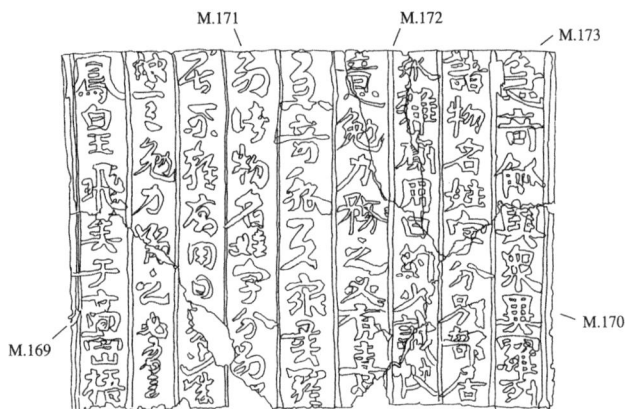

图 47

其复原之后的状态,推想这张整纸长 325 毫米、宽 230 毫米。这一尺寸应该不是当时的滤纸器的大小。[①] 这五片纸中的 M. 169、M. 170 出土于 LA,M. 171 出土于 LC,M. 172 出土于 LE,M173 出土于 LF,虽说是近距离,但是出土遗迹单位各不相同,对此又如何解释呢?

　　《急就篇》始终都是用于习文练字的书籍。所以修习的过程中产生大量的废纸是容易想见的。相反,刚才的《左传》等是必读书籍,似乎不应出土相关废纸,实际上未可断言。习字练习的废纸也有抄写经书内容的东西。看一下 M. 192(图 48),《论语·学而》篇中的一条,而且一看便知,它不是已经完成的书籍的一部分,而是习字留下的残篇。可以认为,当时经书不单是用来阅读,也是作为教科书在楼兰等地使用着。由此可见,M. 253、M. 259 与其说是一般书籍,不如说是学习范本的可能性更大。

图 48

　　再回到书写材料的问题上。(1)书籍以纸来书写,不再写在简牍上。(2)抄本中包含着不少用于练习的废纸。

---

① 　Anna-Grethe Rischel:《楼兰古纸的科学分析》(日文),富谷至编《流沙出土的文字资料》,京都大学学术出版会 2001 年版,第 215—252 页。

从这两点或许可以得出以下结论：

（1）3 至 4 世纪，书籍的书写材料普遍由简牍过渡到纸。

（2）练习用的废纸被发现，而且没有在木简上誊写书籍、进行练习的痕迹，由此可知，作为书写材料的纸绝非贵重、稀有的物品，它已经被广泛使用，而且数量也相当可观。

考察下面的书信，会使我们的认识得到进一步的深化。

来自楼兰的书信

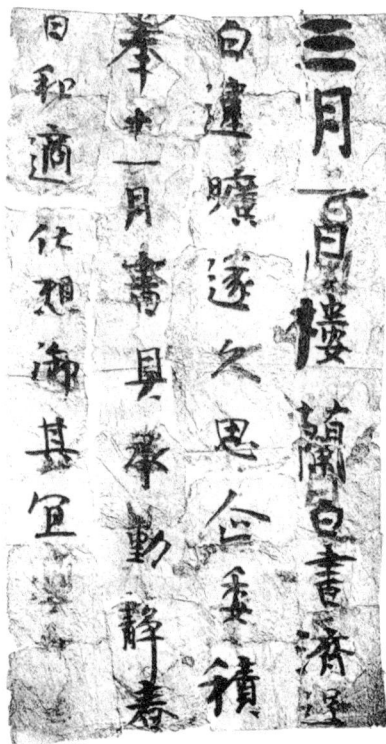

三月一日楼兰白书
济逞
　　白违旷遂久思企
委积
　　奉十一月书具承动
静春
　　日和适伏想御其宜
　　　Co. I - 2

意为：三月一日自楼兰，济逞致书。别离日久，十分思念。十一月收到来函，知悉足下状况，时下春日和煦，望足下珍重。

"楼兰白书"是指"来自楼兰的信件"，出土于楼兰说明它是一封私人信件的草稿（图49）。说到私人信件的草稿，

图49

大谷探险队带回的有名的李柏文书也是如此,李柏书写的相同语句的残片出土了多件,恰好证明这些都是底稿。

在楼兰出土的信件中,也应该存在实际送交的东西,这是不能否认的,后文还要详细说明。遗址中发现有一些写着收件人地址的残纸片,它们被认为是投递过来的信件的封皮。由于剩下来的出土资料过于残破,明确区分草稿和非草稿的东西是非常困难的,那么这些被遗弃的书信是接收到的信件还是信件草稿呢? 我认为草稿应该占了大半。

无论是草稿,还是投递来的信件,都是写在纸上的,这是必须要强调的。也就是说,包括练习的过程在内,简牍都不再被使用。就信件的年代而言,大谷探险队发现的李柏文书被认为写于咸和元年(公元 326 年),其余的信件残片也是泰始年间的物品,可以说这些均为西晋一代的资料。在 3 世纪后半叶,信件已经在纸上书写了。而且从如此之多的纸被用于草稿、底稿来看,纸绝非价值贵重的物品,这与上面书籍一节得出的结论是一致的。

关于信件,还留有一个问题。楼兰出土的检之中,有一件写有如下内容(图 50):

　　白泰文(简面右行)

　　　玮然(简面中行)

　主簿马　赵君(简面左行)

　　　　　Co. Ⅱ - 118

图 50

这比居延和敦煌出土的汉简的检尺寸明显要

小。可以称之为检,是由于上面记有信件的收件人姓名马泰文和
赵玮然。

作为与该简对应的遗物,有下面三件纸文书:

白讳泰文(右行)

马评君(左行)

Co. I - 6 ,1B

白泰文(右行)

主簿马君(左行)

Co. I - 13,1B

白泰文(右行)

主簿马(左行)

Co. I - 18,6B

其中 Co. I - 13,1B(见图 51
下)和 Co. I - 18,6B(见图
51 上)以 45 度的斜度写在纸
的中央,从这样的书写方法
来看,它们无疑是用来包裹
纸书信件的封皮纸。另外必
须指出的是,现在保存于斯
德哥尔摩民族学博物馆的
Co. I - 13,1B 的上面留有纸
的褶痕,从褶痕的形状可以确
定信封折叠的大小,其尺寸恰

图51

好与 Co. Ⅱ-118 大小吻合。首先,将信件用别的纸包好,再像 Co.
Ⅰ-13,1B,Co. Ⅰ-18,6B 那样,在其中央写上收件人地址,最后可
能再将 Co. Ⅱ-118 那样的检附加上去封起来。事实上,这里列举的
检和封皮纸的表面书写的文字看起来像是出自同一个人的手笔。

　　这与第一章引述的郑众《百官六礼辞》的记载并不矛盾,文献
上说,纸被用于包装,用纸包裹之后再施之以检。上文的考察与文
献结合起来如实说明了纸由用于包装逐渐转向用于书写的过程。
郑众《六礼文》中纸包裹的是简牍,而楼兰纸 Co. Ⅱ-118 包裹的是
纸信件。

木和纸的分用——簿籍

　　在这一节里,想以两份纸文书为中心进行考察。
　　一份是 Ch. 928、LAVIii 出土的纸,表里两面都写有文字(图 52):

　　　　诏书下州摄郡推官……所上不□量
　　　　写郡答书草并遣兵尚书草呈当及贾胡还府君
　　　　敕与司马为伴軭住留司马及还其余清静后有异复
　　　　白枢死罪死罪
　　　　枢死罪……下万福
　　　　　　　　　　　　　　　　　Ch. 928A
　　　　出禾廿八斛六
　　　　出禾三斛七斗稟……兵胡虎等
　　　　　　　　五十日
　　　　出禾五十斛四斗□兵贾秋伍□钱虎等廿八人人日食五
　　　　出禾四斛□兵曾虏王姜奴二人起九月一日尽廿日人日食

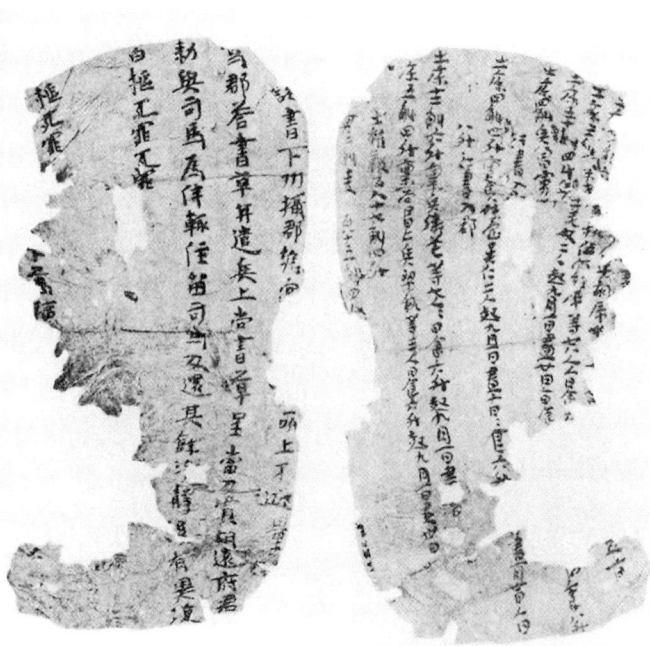

图 52

人食八升

行书入郡

出禾四斛四升□兵孙定吴仁二人起九月一日尽十日_二食

六升……尽月廿日人日

八升行书入郡

出禾十二斛六升□兵卫芒等七人_二日食六升起九月一日

尽日

禾五斛四斗□高昌士兵梁秋等三人日食六升起九月一日

尽卅日

出杂谷百八十七斛四斗

其二斛麦　百八十五斛四斗

Ch. 928B

表里记载的内容全无关联性，Ch. 928A 是信件，或是上行文书，Ch. 928B 则是出纳记录，这一看便知。究竟哪一面是正面即先写的一面，哪一面是背面即二次使用的一面呢？先来考察一下 Ch. 928A 吧：

由文书最末一行记载的"枢死罪死罪——枢作如上报告"来看，这是"枢"这一人物发往上级的私信或是上报文书，据推定，"枢"是本名为吴枢的驻扎于楼兰的士兵，因为在 Ch. 736、Ch. 871 中有如下署名：

□□吴　枢录事掾梁　鸾

Ch. 736

□升枢　梁

Ch. 871

图 53 的"枢"是亲笔署名，因此字体与其他部分不同。同样，"梁鸾"也是亲笔署名，在楼兰出土的其他简牍中也有发现，可以判明，梁鸾在楼兰西域长史府泰始四年（公元 268 年）时任主簿，泰始六年（公元 270 年）时任录事掾。因此 Ch. 928A 也一定是西晋

图 53

泰始年间的遗物。

梁鸾是任职于西域长史府的官吏,并列署名的吴枢也应在同一官署,并且居于楼兰。Ch. 928A 是身处西域长史府的吴枢撰写的信件,它出土于楼兰西域长史府遗址,正好说明它可能是吴枢发出的信件草稿或底稿。

那么,背面的 Ch. 928B 内容又是如何呢? 它是分条记录的九月份的食粮供给状况。① 在上面显示有接受供给的吏卒姓名和供给量,其中"梁秋"这一人物,其名亦见于楼兰木简中的食粮供给帐簿简。

　　　出禾二斛四斗□兵郑□□(简面右行)

　　　兵梁秋等四人₌日食六升□(简面左行)

　　　　　　　　　　　　　　　　　　Ch. 734A

　　　领功曹掾梁鸾□

　　　　　　　　　　　　　　　　　　Ch. 734B

这是一支正反都写有字的木简,恰好出现在 Ch. 736 上的梁鸾署名也见于 Ch. 734A 背面的 Ch. 734B。Ch. 734A 和 Ch. 734B 属于相同时期是非常明确的,同时可知,梁秋在楼兰领取食粮。所以 Ch. 928B 应该是在楼兰写成,又是在当地废弃的。

那么,同一时期、同一地点写成的信件草稿 Ch. 928A 和食粮供给簿 Ch. 928B,到底哪一件先写成,是正式的书写物呢? 按照一般的理解,Ch. 928B 作为官署账目先写成,用毕之后在背面书写信

---

① 长泽和俊:《魏晋楼兰屯戍的实态》(日文),《楼兰王国研究》,雄山阁 1996 年版,第 191—242 页。

件的草稿。反过来如果信件的草稿在先,背面用来书写账目的话,那么这种账目只能被认为是类似笔记一类的东西,但是就笔记的形式而言,还是存在难以解释的疑点。

我基本上认为 Ch. 928B 是先写成的,但是提到泰始年间账目是否已经书写在纸上,实际上事情并不那么简单。上文列举的记有梁秋之名的账目 Ch. 734A、B 是木简。它记录着向梁秋等四人供给日食六升的内容,相当于 Ch. 928B 条目中的一条。

Ch. 734A、B 在简的开端写有"出"字,也可以说是支出和领取时的券,可能与帐簿简并不相同,同类遗物在遗址 LA 大量出土。纸账目大概是在利用这种券的基础上制成的。同样记录支出的楼兰木简当中,还存在如下的木简:

　　出　粟七斛六斗五升给稟　右稟三百卅四斛三斗四升(简面右行)

　　　　张□十人正祭里(简面左行)

　　　　　　　　　　　　　　　　　　　　Co. Ⅱ - 90

这里记作"右稟三百卅四斛三斗四升",这说明右侧还编缀着几支记有三百卅四斛三斗四升内容细目的简牍,Co. Ⅱ- 90 简是末端简。

以"右"字来表示账目汇总的简在楼兰简牍中并不少见,它们可能与右侧记载细目的单简连接在一起。下面的简并非食粮供给的账目,上面记录着单独项目,而且与券的形式不完全一致。

　　承　前驼他带一枚㲋索三枚故绝不任用

　　　　　　　　　　　　　　　　　　　　Ch. 788

承　　前新入胡苴合三百九十五枚

Ch. 779

承　　前桔梗八两

Ch. 783

"承前"大致是"同右"的意思，由此可知，简是被编缀起来的。

以上的例子都属于簿籍之中的"簿"，下面再看一下楼兰出土的籍 M. 260（图 54）：

图 54

妻壻申金年廿□

簿濠　宝成年卅　息男簿笼年六物故

簿濠　隃林年卅　妻司文年廿五

　　　　　息男皇可笼年五

簿濛　濼支年廿五

　　　　妻温宜□年廿

簿濛　□□曾年七十二　□物故

　　　　　息男奴斯年卅五□死

　　　　　……年卅……

　　　　　□□□年□物故

□□葛奴年五十　物故

　　　妻勾文年卅

　　　息男公科年廿五

勾文□安生年卅　死

　　　五十二除　十一

　　　年卅……

　　　　　　　　　　　　　　　M. 260

这里出现的人物的详细状况并不清楚,可以确定的是,这张纸上记录着它们的家族构成、年龄、死亡状况。这是否可以称为户籍,当时户籍的形式是不是如此,都无法确定,在此也不打算进行考证。现在需要关注的是,如此名籍之类的东西是写在纸上的,还有由此派生出来的问题。

　　首先,M. 260 的纸的尺寸与作为楼兰出土的整纸复原出来的《急就篇》的天地长度一致,为 23 厘米,这相当于木简的普通长度(1 尺)。此外,在名籍的书写内容上也可以发现几处有意思的地方:

　　第一,名籍上有五处记载着家族成员的死亡,有"物故"和"死"

两种记载方法；

第二，"物故"和"死"的书写者不同，"物故"两字与名籍的其他部分出自同一手笔，墨色和笔势都无变化，另一方面，两处"死"字墨色远远浓于其他部分，字体也不同，一看便知出自他人手笔；

第三，如果注意一下"息男奴斯年卅五□死"的"死"字，可以看出起先是写作"物故"，后来将其抹消并改写为"死"；

第四，各条、各段记有年龄的部位之下，打有浓墨的检查记号，其墨色与"死"字的墨色浓淡一致。

从以上四点首先可以推导出来的是，"死"与"物故"虽然都是表示死亡，但是其意味明显不同。上面第三指出的将"物故"改写为"死"恰好可以证明这一点。第二点指出，"物故"与名籍的其他部分系出同笔，"死"则是他人手笔，之所以如此，可能"物故"对应的是编制名籍时的亡故者，"死"对应的是新的死者，"死"的追记与名籍审查（添加检查记号）同时。

名籍编制经过一段时间之后，再进行这种追记，这显示出这类名籍需要保管一定时间，它在编制时就被赋予了一定时间的有效性，是带有浓厚正式性质的簿籍。从书写材料的视点来看，在西晋泰始年间，书写在纸上的正式名籍应该已经存在。

然而，与帐簿 Ch. 734 一样，纸的名籍之外还存在着木简名籍：

　　　张雏　董古氏　范烧

Co. II-112

　　　吏唐循卩　吏左曜卩　吏☑
　　　吏张龟卩　吏申□卩　吏☑

Ch. 807

以上简牍虽然不是户籍,但从列举了姓名这一
点来看,可以归入名籍的范畴(图 55)。它们
并不是单纯的笔记,这从 Ch. 807 简人名之下
的确认记号可以得到证明。所以名籍与帐簿
一样也仍然使用简牍。

　　以上针对簿籍的问题,以楼兰出土的纸的
帐簿和名籍为例进行了考察。论述之际或许
给读者留下一种在纸与简牍之间时进时退的
印象。总而言之,在 3 世纪后半叶,簿籍既有
记录于简牍之上者,也开始出现记录于纸上
者,仅就簿籍而言,当时可以称为是一个木与
纸并用的时期。然而虽说是并用,但是木和纸
选用哪一方,并不是任意的,也不是根据取得
的难易程度,这里一定有明确的分用原则。

　　无论是帐簿还是名簿,票单一类的东西、
也就是具有像文档一样可以一件件追加起来
的特点的书写材料,仍然沿袭汉代以简牍为
主。在某一阶段要将其汇总整理的时候,逐渐
转用纸作为书写材料。这是笔者目前的判断。
但是纸的使用终究还是处于随机的或者过渡
的阶段,关于它是否已经在全国普及,成为正
式的书写材料,还不能妄下断言。

图 55

　　另外还有一点,无法从楼兰出土的簿籍中得到验证,更无法从
文献史料中进行推测,那就是关于郡县户籍一类长期保管并且不
断补充的东西的状况,它们或许还是以简牍为正式的书写材料吧。

这类物品拥有固定的形式和格式,通用于所有官署,在一朝一夕改变沿袭过去的王朝户籍样式本来是不可能的,只有凭借某种大规模的国家改订事业才会变得可能。无论纸张如何普及,旧有的文书行政系统也不会轻易改变,在此需要有促成变化的外在压力和一定的时间。

考察确立于晋泰始四年(公元 268 年)的晋令,其户令中有如下一条:

> 郡国诸户口黄籍,每籍皆用一尺二寸之札。

泰始四年的国家户籍依然使用的是简牍(札)。关于该问题以及"黄籍"的解释,下章还将作一次论述。

检·符和公文书

在楼兰发现了大量的有关谷物和布帛的符券。其中,Co.Ⅱ-48"泰始五年十一月九日仓曹椽李足……"(图 56)等记有亲笔署名的券分成左右两片出土,应该说是很有意思的贵重资料,不仅署名的部分与本文不同,属于亲笔书写,还可以清楚地看到,日期"十一月九日"的数字是后来加写在符左侧的空白部位的。可能符上的内容是由书记官预先写好,然后在符发行的时候填上姓名和日期(左侧)。但是还不清楚这种券如何分割和发行。

除了 Co.Ⅱ-48 之外,在楼兰发现了很多亲

图 56

笔署名的券的残片，这里就不一一枚举了。从 3 世纪到 4 世纪的西晋时代，符券写在木札上是确定无疑的。券不单写有文字，而且这些券的券面刻有槽痕，一分为二进行保管，它们拥有记录文字信息以外的机能，继承了从前的特定形式、格式。西晋泰始年间，平面的、缺乏耐久性的纸大概还不能消化这些机能。

检也是一样的。送交文书、帐簿之际发挥着信封功能的检在楼兰遗址有数件出土，与汉代的检一样是刻有封泥匣的木制品。但是与居延出土的汉代封检相比，尺寸略小，封泥匣也只有 10 mm×10 mm、20 mm×20 mm 大小。

白泰文

　玮然

主簿马　赵君

　　Co. Ⅱ‑118(图 50)60 mm×26 mm

泰始□年□月十日丙辰言

书一封□曹史梁□言事

营以邮行

　　M. 248(图 57)148 mm×38 mm

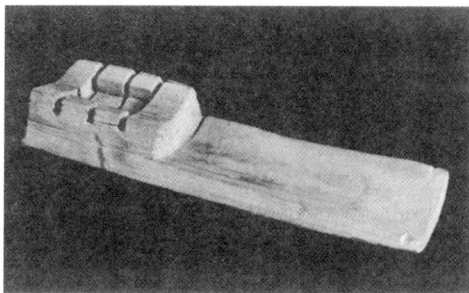

图 57

在前章考察居延汉简中的汉代检时（"文书传递——两种检"），笔者指出，附在邮书上的检有两种，一种只写明收件地址和人名，另一种还写有"以邮行"等邮递方式。前者附在文书上，后者附在装有若干邮书的囊上。

在以上列举的楼兰出土的检上也可以看到这种区别。楼兰检在尺寸上也有区别。Co. Ⅱ- 118 是附在文书上的，由于其文书使用的是纸，所以要小些。M. 248 是附在装邮书的囊上的，与汉代检的尺寸没有差别。在汉代，带检的文书传递之际要加上严格的传递记录，晋代也是如此。下面是一件发信簿：

> 出　长史白书一封诣敦煌府簿书十六封其泰始六年三月
> 十五
> 日□楼兰从掾位
> 十二封诣敦煌府二诣酒泉府二诣王怀阙顾马厉付行
> 书□□
> 孙得成
>
> 　　　　　　　　　　　　　　　Co. Ⅱ- 107

这是一份与汉简的同类物品一样的发信记录。那么，汉简里的上报文书、下发文书等官方文书到了晋代变得如何呢？

> 泰始五年七月廿六日从掾位张钧言敦煌太守
> 　　　　　　　　　　　　　　　Co. Ⅱ- 1A
> 未欲讫官谷至重不可远离当须治大麦讫乃得
> 　　　　　　　　　　　　　　　Co. Ⅱ- 1B

要急请曹假日须后会谨表言白会月十二日

Co. Ⅱ-3

西域长史营写鸿驴书到如书罗捕言会十一月廿日如诏书律令

N. xv. 75＋328

写下诏书到罗捕言会三月卅日如诏书

N. xv. 348

将敕□□兵张远马始今当上堤敕到具粮食作物（简面右行）

诣部会被敕时不得稽留谷斛（简面左行）

Ch. 769A

Co. Ⅱ-1B 留有一字大小的空格，这可能是为了编缀的需要（图 58）。还有 N. xv. 75＋328、N. xv. 348 应该是以惯用语"如诏书"收尾的下发文书，Ch. 769A 则应该是属于"敕"的下发文书，与楼兰木简 Ch. 817"八日谨案文书今受敕□"同类。这类上报文书和下发文书在居延汉简和敦煌汉简中都有零散发现，相同的惯用语和相同的形式亦见于晋代楼兰的简牍。

向纸的逐步过渡

就文书传达上的文书装帧、传递记录以及文书格式等等而言，汉代的文书行政在晋代得到延续，虽然纸张逐渐被利用，仅从楼兰出土的简来看，用于文书的书写材料主要是简牍。这是从以上考察得出的结论。

图58

刚才提到"仅从楼兰出土简来看"。实际上,在文献里有史料显示,魏晋时代纸已经被用于诏书,先将这个问题搁置到后文。楼兰出土文字资料可以体现晋代书写内容与书写资料的关系,让我们把它同第三章"木简与竹简"的附表结合起来看看:

分　类	形　态	材质(汉)	内　　容	材质(晋)
Ⅰ	单独简	木简	各种证明书、封检等	木简
Ⅱ-A	编缀简	竹简	书籍	纸
Ⅱ-B	编缀简	竹简	簿籍、官方文书	木简(纸)

归类为Ⅰ的单独简即券和检之类,到了晋代依然使用木简。

Ⅱ-A的书籍,可以加上信件。汉代此类书写物主要使用竹简,采取由最末简卷入的册书形式,到了晋代基本完成了向纸的过渡。

Ⅱ-B也是使用竹简,采取册书的形式,但是与Ⅱ-A不同,它主要是帐簿和名籍那样的文档一类的物品,一方面用纸,另一方面依然使用简牍。虽然纸的簿籍的确已经渐渐出现,但是顺次附加的簿籍,如果仅就簿籍原件而言,并未完全过渡到纸,特别是拥有全国统一格式的户籍之类的东西,要完成书写材料的转换可能并非易事。

简牍是一种功能不仅限于书写的书写材料。如果只考虑书写文字的功能,晋代已经是纸的时代了。故此,书籍、信件以及仅以书写为目的的簿籍都是写在纸上。然而,纸还没有充分消化简牍书写之外的功能,另外像户籍那样长年样式不变的文字资料需要大规模的工程才能完成书写材料的转换,在当时,这样的机会还没有来临。

　　书籍、私信、簿籍、符以外，还必须提及皇帝的下发诏书和向上级官署提交的行政文书等等。

　　在楼兰，晋代的上报文书、下发文书同时出土，它们是被编缀起来的简牍。行政文书依然以简牍为书写材料，这是从楼兰文书得出的结论，然而从文献史料可知，魏晋时代诏书已经写在纸上。

　　诏书有若干个不同形式，有以上奏文为基础加上"制曰可"之类帝言的文本形式的东西，也有皇帝单方面下发命令的制书。上奏文＋帝言形式的诏书如第三章所述，使用两行简和被称为札的一行简。在此，书写之外的机能被包含在内，如此格式的诏书一般应该使用简牍。

　　此外，诏书被顺次下达下去的时候，收到的诏书要被重新书写，还要加写执行文句送交到下级官署。这种形态还停留在文档性文书的阶段，所以使用的应该是简牍。无论如何，我们可以推定纸和简两种诏书是并存的，尽管这里还有一些不自然的感觉。

　　下章我们将超越楼兰出土的木简和纸文书的范围，广泛利用文献史料进行综合考察。

第六章
由汉到晋——由简牍到纸

由文献史料看文书装帧

以皇帝行玺为首的六种皇帝印"皆以武都紫泥封,青布囊白素里,两端无缝,尺一板中约署"。

这是《汉旧仪》中解说制诏装帧的文句。

《独断》中也有对皇帝命令中制书进行解说的条文,其中记录了封印的方法:

> 制书,帝者制度之命也。其文曰:制诏三公,赦令、赎令之属是也,……凡制书有印、使符。下远近,皆封玺,尚书令印重封。

按照《独断》所言,制书先以皇帝印玺封缄,然后用尚书令之印重封。具体而言,编缀起来的册书首先包裹在青囊之中,置检于其上,在紫色封泥上按压印玺,最后用尚书令之印重封。也就是说,按压了皇帝印玺的检以别布重裹,形成两重包装。

《汉书·外戚传》言及中黄门田客所持有关中宫曹宫身孕的成帝元延元年(公元前 12 年)诏书:"中黄门田客持诏记,盛绿绨方底,封御史中丞印。"如果诏本身加盖着印玺,那么它就有两重封缄。

此外,东汉末公孙瓒非难袁绍,列举其罪状时,曾举出袁绍矫诏之事:

> 窃其虚位,矫命诏恩,刻金印玉玺。每下文书,帛囊施检,文曰:诏书一封,邟乡侯印。

邟乡侯是袁绍受封的侯位,上文说他造作玉玺,起草伪诏,将其包于帛囊之中,再盖上自己的印信。

从以上史料可知,册书形式的皇帝诏书被包裹于布囊之中,囊上又系检封缄,再根据情况施双重装帧,至少编缀起来的诏书简的检不是直接附加在简上的。

不仅是皇帝下发的诏书,上奏文可能也是装在书囊中的。

> 凡章、表皆启封。言其密事得帛囊。
>
> 《汉官仪》

臣下奉上的章、表一般要开封,也有放入囊中封印的情况。这里有一个有名的故事,称道西汉文帝的质素俭约,说他用上书的囊来制作窗帘(见《汉书·东方朔传》或《后汉书·翟酺传》)。《后汉书·礼仪志》记载了冬至举行的调律仪式:

> 八能士各书板言事。文曰:"臣某言今月若干日甲乙日冬至,黄钟之音调,君道得,孝道襄。"商民、征干、羽物各一枚。

否则召太史令各板书,封以帛囊。

用囊来包裹的简牍文书,上面要附检,反之如果附检,一般不会直接附在编缀起来的简牍上。但是也有不包囊直接将原物送出的。它是多面体的单独木简,是被称为"檄"的文书(第三章图 30)。

檄,军书也,若今之露布也。

上文是《后汉书·鲍昱传》所附唐代李贤注,所以"今"指的是唐代。这样的檄被称为"露布",无疑是由于檄是露出不封的。
《封氏闻见记》卷四"露布"一条写道:

盖自汉以来有其名。所以名露布者,谓不封检而宣布,欲四方速知。亦谓之露版。

不封缄而发出,除了封演所说的为了早日通告全国之外,应该也有公布内容、达到宣传效果的期待在里面。檄和赎、敕之间有一个共通之处,那就是不需要隐藏内容,而是要将皇帝的强烈意志、恩惠告知万民。
　　以上从文献史料角度论证了下发文书和上报文书都是用布包裹后封缄的。这样的文书后来转换为纸。

走向纸的时代——诏的纸色

从楼兰出土的上报文书、下发文书都是简牍。第五章开篇"再谈书写材料"引用的景初二年(公元 238 年)明帝临终时的遗诏,记作"黄纸",是写在纸上的诏书。

　　黄纸后来成为皇帝诏书的代名词,同时意指记录九品中正法乡品品数的名单,后来又指登录本身,类似的名词有"黄籍"、"黄册"等。以下是关于黄纸出现背景的考察,我们从两个方面进行论述,一是关于写在纸上的诏的纸色,还有一个是以黄纸、黄籍这些官方文书为重点的考证。

　　"黄纸"一词出现得最早的文献是上文列举过的《三国志·魏书·刘放传》的记载。"黄纸"在以后的时代升华成为象征的、抽象的概念,在魏晋时代,仅就"黄纸"的"黄"而言,它应该是表现色彩的词汇,意为"成为黄色"或"染黄"。孟康注释《汉书·外戚传》"赫蹏书"一词时对此有说明:

　　　　孟康注　蹏犹如地也,染纸素赤书之,若今之黄纸。

孟康是三国魏人,虽然是针对赤染纸进行解说,他所谓的黄纸一定是"染成黄色的纸"。关于后来言及的"黄籍"一词,还不能完全断定其含有"黄色"色彩的意思,不过见于魏晋文献中"黄纸诏"是作为"写于黄色纸上的诏书"出现的。

　　黄纸出现于《晋书》,"青纸"、"写于青色纸上的诏书"也是存在的。《晋书·愍怀太子传》中有如下记载(以下为了论述的方便加上编号):

　　1. 晋惠帝元康九年(公元 299 年)十二月,存心废绝愍怀太子的贾皇后让太子入朝,将其灌醉。又命下女承福持纸笔现于酩酊大醉、意识不清的太子之前,让太子书写怪异的祈祷文,未完成的部分由其他人补充,拼凑完毕之后进呈给了惠帝,大臣们入朝后,惠帝命黄门令董猛持太子书和青纸诏说："太子写下如此字句,今赐死。"有臣下为太子辩白,贾皇后假借长广公主之言说："事情应该尽快处理,群臣中或许有不赞成者,如果不能执行诏书,则可以按照军法处理。"结果太子虽然免于一死,但是遭到废黜。之后,太子自己在寄给妃子的信中回忆道:

> 即劝即饮,直至酩酊大醉之时,一婢女持一密封箱子道:"诏命写此文章。"惊起凝视,见一枚白纸、一枚青纸。婢女催促说"不宜使陛下久候",下女承福拿来笔、砚、墨和黄纸,余无奈下笔。

在此出现了黄、青、白三种不同颜色的纸张。就诏书而言,存在着黄纸诏书和青纸诏书两种,这两种诏书有何区别呢?

在得出结论之前,先看一下青纸诏书的事例:

2. 在愍怀太子废位之前,诛杀皇太后一族之时,贾氏利用了惠帝的异母弟楚王玮,后来又假借惠帝之诏让楚王杀死惠帝大叔父汝南王亮,其后不过数日,又以矫诏之罪除掉了楚王。

> 诏以玮矫制害二公父子,又欲诛灭朝臣,图谋不轨,遂斩之。时年二十一。

临死之时,玮从怀中取出青纸诏书,流泪向监刑尚书刘颂说:"受诏行事,本想是为了社稷,今日却被治罪。尽管为了先帝不惜性命,然而遭受如此不白之冤,诚乞究明真相。"

这里楚王出示的青纸诏书,就是上述"受诏行事"的"诏",即记有讨诛汝南王之命的诏书。《太平御览》卷五百九十三所引"王隐晋书"这样记载：

> 楚王玮既诛汝南王亮，寻又诏云，玮矫诏行斩刑。临死其怀中出青纸以示监刑尚书刘颂，流涕言：此诏书也，受此而行。谓为社稷，今更为罪。

在此我们可以注意到，讨诛汝南王之诏正是写于青色纸张上的。

3.《晋书·赵王伦传》言及八王之乱时，记述了永嘉二年（公元308年）篡夺帝位的赵王伦及其羽翼孙秀的横暴之态：孙秀恣意篡改、甚至劫夺赵王伦下达的诏令。随意写诏于青纸之上，朝令夕改者数四次之多，百官的撤换如流水一般。

关于青纸，再举一个见于《南史·豫章文献王嶷传》的例子。[1]

4. 晋代之后的南齐武帝永明年间（公元483—493年），豫章王终，时年四十九岁，死后立于旧知沈文季的梦枕前说："我本不应死。皇太子将十一种药混入膏药之中，妨碍我治愈肿疾。又在汤中放入一种药，使得这种效果得以持续。我向先帝陈述了此事，得到许可返回东邸处理此事。"豫章王说着从怀中取出青色文书，又说："你是我的旧知，请向皇上报告此事。"

以上列举了青纸诏书、黄纸文书，那么以不同颜色区分开来的纸和诏书里包含着什么意思呢？

首先要说明的是，颜色的区别不仅是单纯的装饰，它是为了对

---

[1] 译者注：原文为"嶷薨后忽见形于沈文季曰：'我未应便死，皇太子加膏中十一种药，使我痈不差，汤中复加药一种，使利不断，吾已诉先帝，先帝许还东邸当判此事。'因胸中出青纸文书示文季曰：'与卿少旧，因卿呈上。'"

文书进行区别。

上述例1《晋书·愍怀太子传》的记载,摆在酩酊大醉的太子面前的白、青、黄三种纸,其各自的用途应该不同。还有,惠帝出示的宣告死罪的诏书;写有讨伐汝南王命令的诏书;赵王伦的矫诏;豫章王出示的先帝诏书,都是写在青色纸上,青色有着特别意义。在例2中,楚王流泪将诏书出示给监刑尚书刘颂,想要说明的一定不仅是诏书内容,还有诏书是写于青色纸上的。

笔者认为,皇帝的亲笔诏书即手诏,是青纸诏书。上文例1至例4的青纸诏书包含了皇太子废位、断罪、诛杀等重大内容,因为事情重大,故而是皇帝手诏,也是为了显示其重要性而用青色纸。

从正史中寻找有关手诏的史料并不困难,第五章讲到魏明帝临终之际召司马懿之事时涉及皇帝亲笔诏书。

据《魏书·刘放传》,刘放进言召司马懿,明帝起先许可,并让刘放起草诏书。当时使用的纸张是黄纸。

> 帝纳其言,即以黄纸授放作诏。

其后,明帝改变想法,将敕诏暂且搁置。刘放等人再次劝服明帝,并请明帝亲自拟诏,明帝推说病重无法写诏。于是刘放登至榻前,执明帝之手勉强写成诏书。刘放退出后说,根据诏敕罢免燕王宇的官职。

后半部分见于《三国志·魏书·明帝纪》所引《汉晋春秋》,起先让刘放书写的诏书是写在黄纸上的。其后又勉强让明帝书写了罢免燕王曹宇的手诏,因此诏书分一般诏书和手诏两类,一般诏书使用黄纸,手诏使用青纸。

如果认为青纸诏书是皇帝亲笔的诏书,那么它起源于哪里呢?这里再看一下《汉旧仪》的史料。

> 皇帝六玺,皆白玉螭虎之纽。文曰:皇帝行玺、皇帝之玺、皇帝信玺、天子行玺、天子之玺、天子信玺,凡六玺也。皇帝行玺凡封之玺,诸侯王赐书。信玺发兵。其征大臣以天子行玺。策拜外国事以天子之玺,事天子鬼神以天子信玺。皆以武都紫泥封,青布囊,白素里,两端无缝,尺一板中约书。

"皆以武都紫泥封,青布囊,白素里,两端无缝,尺一板中约书",讲的是书写了皇帝诏书的简牍,要用青色的囊包裹起来。这种用青色囊装帧起来的诏书变成为青纸诏书,该不会有什么不自然的地方吧。从青布囊到青纸的过渡,可以由以下几个环节导出结论。

1. 在汉代,文书类册书并不直接发送,原则上要用布类包裹以后附上检。这已经反复强调并论证过了。

2. 包裹简牍的囊,实际上凭借颜色进行区别。例如据《汉书·丙吉传》,发送自边境通告紧急事态的文书,被放在红、白缡制成的囊里。

另外《晋中经簿》中记载:"盛书,有缣袟、青缣袟、布袟、绢袟。"意为书籍被装在各种以颜色相区分的囊之中。可以说在简牍时代,包裹书籍的布囊已经开始根据颜色来进行区别。

3. 纸出现的初期,纸并非书写材料,而是作为包装用纸来利用的。楼兰等地就出土有包裹文书的纸张。

综合考察上述三条,可以得到如下结论:

简牍时代,文书包裹在织物里,然后施检。包装用的织物根据颜色有所区别。此外不仅布一类的织物用于包装,纸(paper)也作为包装纸存在。书写材料从简牍变为纸的过程中,包装简牍的织物的颜色也在新的书写材料——纸的颜色上得以延续。在此可以想象,纸一直用于包装也使这种事物的变化更容易被理解。

青色的诏书是典型。之前册书形态的皇帝诏书以青色的织物包裹,封泥匣上压有紫泥印。"紫泥青布囊"向纸过渡之际,诏书转而写在青色纸上,这种青色纸是皇帝亲笔诏书的书写材料。

《玉海》卷六十四《诏令》条记载:

> 晋为诏,以青纸紫泥。宋泰始二年,军功除官者众,板不能供,始用黄纸。

此外,《陈书·陈宝应传》有"紫泥青纸"的记载:

> 又以盛汉君临,推恩娄敬,隆周朝会,迺长滕侯。由是紫泥青纸,远赍恩泽,乡亭龟组,颁及婴孩。

"紫泥青纸"的确应该是处在"紫泥青布囊"的延长线上。

如果认为青纸、青色囊是直接与皇帝关联的物品,那么为何必须是青色呢?下面让我们在考证青纸诏的最后来看一下使用青色的必然性。

青色至少是特别的颜色,是与帝王联系很深的颜色,例如天子内廷被称为"青蒲"。该词见于《汉书·史丹传》,有史丹"伏青蒲"谏言的故事:

> 丹以亲密臣,得待视疾,候上间独寝时,丹直入卧内,顿首
> 伏青蒲上,涕泣言。

服虔注曰:"青缘蒲席也。"应劭解说曰:"以青规地曰青蒲,自非皇
后不得至此",颜师古赞同应劭说。青色象征着帝王的空间。

《释名·释采帛》说:

> 青,生也。象物生时色也。

同样,《论衡·道虚篇》说:

> 物生也,色青,其熟也,色黄。

青色也是象征万物发生的色彩。皇帝亲手颁发的诏书,本来只有
皇帝才能书写,是根本的、原始的存在,因此其内容极为重要。青
色的纸被用于手诏,应该是依存于这样的背景。

黄纸和黄籍

与青纸诏书相对应,黄纸具有什么样的性质呢?

在后代,黄纸有时是指具有除虫目的、用黄檗汁液染成的纸。
但是如果说作为书写材料的黄纸从开始出现时起就与防虫联系在
一起,则是非常令人怀疑的。除了黄纸之外,还有白色、青色的纸,
它们与防虫没有任何关系。还有,黄籍可能是以简牍为材料的,这
在后文还要论述,简牍与防虫的黄色没有任何关系。应该认为,黄
色包含着特殊的意义。

从上文举出的史料中可以明确，写在黄色纸上的诏书是存在的。但是也可以确定，那不是皇帝亲笔的手诏。《三国志·魏书·刘放传》中言及的写于黄纸上的诏书，是明帝让刘放撰写的——以黄纸授放作诏。

青纸仅限于皇帝使用，黄纸则不仅用于诏书，也还用于其他各种文书、帐簿。[1] 例如上奏文以及九品中正法中登记乡品的用纸也使用黄纸。它们都是正式的官方文书、官方簿籍，可以说，以诏书为首的文书和簿籍的原件要使用黄色纸张。

为何正式文书一定要写在黄纸上呢？可能正如青色象征着万物生成，黄色应该是中央、君主的象征。

> 黄者，中之色也，君之服也。
>
> 《汉书·律历志》
>
> 黄，地之色也。
>
> 《说文解字》十三篇下

按照宣扬木、火、土、金、水五德依次生成的五行相生说，建立于火德之上的汉王朝，被三国魏、吴等土德王朝取代，土德的象征是黄色，黄纸的由来或许与这种意识有关。但是到了金德（黑）的晋朝，黄纸仍然被用作诏书，由此来看的话，即便黄纸的发端与土德王朝相关，但它与五行意识浓厚的王朝服色具有不同性质。

黄纸的确是黄色的纸，黄纸诏书一定是写在黄色纸上的诏书。黄纸之外，"黄籍"散见于史料。最有名的是东晋江南的黄籍和白

---

[1]　中村圭尔：《黄纸杂考》（日文），《大阪市立大学东洋史论丛》10 号，1993 年。

籍,江南土著户籍被称为黄籍,北来移民侨籍被称为白籍,以此加以区别。黄籍和白籍意味着什么,是根据纸色命名的吗?黄籍是写在黄色纸上的户籍,还是包含了与颜色无关的其他户籍?目前有若干种说法,其中代表性的意见认为,黄籍是一种采用了西晋初年已经存在的札的形式的黄纸户籍。

认为黄籍是写在黄纸上的户籍的观点,主要依据的是一条遗留下来的晋令:

> 郡国诸户口黄籍,皆用一尺二寸札。
>
> 《太平御览》卷六〇六所引晋令

一般说到晋令,自然会想到晋泰始四年(公元 268 年)制定的晋泰始令,如果认为《太平御览》所引晋令是晋泰始令,笔者没有异议。至少找不到任何对此进行否定的根据。问题是,从西晋时代就已存在的黄籍,到底是木还是纸。

现在如果断言黄籍从西晋时代起就已存在,则黄籍这个词并不是与白籍成对出现的。“黄”并不与“白”对应,“黄”应该含有特殊的意义。

在前章楼兰文书的考察中,讲到晋泰始年间簿籍并用纸与简牍。长期保管、补充的郡县户籍,由于具有固定下来的特定形式、格式,而且运用得相当有效,因此不会发生急剧的、全面的变更。户籍变成纸制需要花费时间,所以推测泰始年间户籍仍然以简牍作为书写材料。先就结论而言,我认为泰始令所说的黄籍不是纸,而是简牍。

根据泰始令中的户令,黄籍均写于一尺二寸的札上。《南史·

张兴世传》中有"黄纸札"一词,它应该指的是短册状的黄纸。①

　　然而如果说这条史料可以证明"一尺二寸札"的黄籍是纸制的,那么还是有些勉强。张兴世传记载:"橄板不供,由是有黄纸札",说纸札是作为长方形橄板的替代品而制作的,此外札还无疑包含有形似短册的意思。如果认为泰始年间户籍是一尺二寸的札,那么纸制名籍就应该是这样长度的短册。

　　但是楼兰出土的名籍 M. 260(图 54)——虽不是正式的郡县户籍——绝非短册的形状,而是一张纸而已,将其看作是一尺二寸的短册状的纸非常勉强。

　　从其他视点也可以论证札是简牍。"札"在汉代狭义上是指与"两行"相对的书写成一行的简牍。

　　　　札长尺二寸当三编▢

　　　　　　　　　　　　　　　　EPT4：58

"一尺二寸札"如果取狭义的意思,则不但是说短册状的东西,也是指两种简牍中的"札"简。特别是,EPT4：58"札长尺二寸"说的就是简牍,这一点无法忽略。

　　最近还出土了相关的新资料,例如已经提及的长沙走马楼简,这批简出土于湖南省长沙市走马楼街古井之中,②其年代相当于东汉末建安年间至三国吴嘉禾年间(公元 232—238 年)。大量简牍之中也包含有名籍,其中编号为 J22～2695 的简内容如下:

---

① 　中村圭尔:《黄纸杂考》(日文),《大阪市立大学东洋史论丛》10 号,1993 年。
② 　长沙市文物考古研究所、中国文物研究所、北京大学历史系走马楼简牍整理组编
　　著:《长沙走马楼三国吴简嘉禾田家莂》上·下,文物出版社 1999 年版,第 1—6 页。

　　东乡劝农掾番琬叩头死罪白被曹敕发遣吏陈晶所举私
学番

　　倚诣廷言案文书倚一名文文父广奏辞本乡正户民不为遗
脱辄

　　操黄簿审实不应为私学乞曹列言府琬诚惶恐叩头死罪

　　死罪诣功曹

　　十二月廿五日庚午白

意为：东乡劝农掾番琬申告，根据曹下发的命令，陈晶检举的私学
番倚出庭。查阅文书，倚又名文，文父名广，根据奏辞为本乡正户，
属实无误。然而考察黄簿，不应该为私学。请曹向府申明并作
判断。

　　这里所见的"黄簿"可能意指正式户籍，大致与"黄籍"意思
相同。

　　长沙走马楼出土文书，以番琬文书为首均为简牍，可以推测在
三国吴嘉禾年间，"黄簿"依然是简牍。

　　如果推断三国时代黄籍（黄簿）是写在木或竹的札上的，那么
结合其他状况判断，西晋一尺二寸札的黄籍自然也应该是简牍。
由此，黄籍的"黄"并非表现色彩的词汇，而是象征着中央或者土德
的抽象词汇，由于其中含有正统的意义，所以黄籍大概等同于正式
的户籍。

　　毋庸赘言，与黄纸不同，木简和竹简呈黄色，"黄简"一词很不
自然，有关的记载也见不到。

　　让我们来总结一下以上关于黄纸和黄籍的考察。

　　首先，用于书写诏书和公文的黄纸，与三国时代以后意指正式

户籍的黄籍起源各异。

黄纸顾名思义指的是纸(paper),纸的黄色源自包裹简牍的书囊的颜色,可能与青纸源自包裹皇帝诏书的青囊拥有相同背景。黄纸与青纸、白纸并列,同为有色纸,由包装纸颜色所规定的文书的区别,在书写纸的颜色上也得到继承。

黄籍与此不同,黄籍的名称来自简牍时代,"黄籍"、"黄簿"的"黄"并不是指色彩,而是抽象的象征词,具有正式户籍的意思。然而,黄籍一词早于黄纸存在,以后进入纸的时代青纸出现的时候,"黄籍"的"黄"的色彩意义被重新强调,而黄纸也作为有色纸名称来使用。

简牍的黄籍、以纸为材料的黄纸在西晋时代并存。这也是木、纸书写材料并存时代的具体体现,不久黄籍向纸转变,写在黄纸上的户籍成为正式户籍。"黄"在这个阶段由一个抽象词汇转化为一个色彩词汇。

那么,户籍是何时变为纸制的呢? 笔者认为是进入东晋以后。《通典》卷三食货条有如下记载:

> 梁武帝时,所司奏南徐、江、郢逋两年黄籍不上。尚书令沈约上言曰:晋咸和初,苏峻作乱,版籍焚烧。此后,起咸和三年以至于宋,并皆详实,朱笔隐注,纸连悉缝。而尚书上省库籍,唯有宋元嘉中以来。以为宜检之日,即事所须故也。晋代旧籍并在下省左人曹。谓之晋籍,自东西两库,既不系寻检,主者不复经怀,狗牵鼠啮,雨湿沾烂,解散于地,又无扃縢。

由此可知,咸和三年(公元 328 年)以降的东晋户籍是写在纸上的。

此外还说苏峻之乱时，版籍尽归灰烬。经过永嘉之乱和王敦、苏峻之乱等持续的混乱期，西晋的户籍蒙受了毁灭性的打击，咸和三年以后重新编制户籍，通过数次的土断政策（将流入江南的北方移民编入现地户籍的政策，据说始于公元 341 年），黄籍与白籍被统一起来，新户籍在并入黄籍的过程中变成了纸。

总结——书写文化的变迁

本章追溯了 2 至 4 世纪，即汉至魏晋时期书写材料的变迁。这里不打算重复本文的详细考证，而是想对以下几点作一总结。

首先需要强调的是，书写材料由简牍到纸的变迁是阶段性的、逐渐的。如果认为到了 4 世纪纸日渐普及并取代了木简和竹简，应该说那是很大的误解。即便到了三四世纪，简牍作为书写材料，依然保持着固有地位。这并非由于纸十分稀有而不得不使用简牍。就纸的使用而言，虽然它已经相当普及，但是简牍自身的内在性质和利用简牍的行政模式，使得书写材料的变化经历了一个逐步的、渐进的过程。

书写物不单是传达信息的物品，契约中的相应格式、具有文档功能的各种文书的体例和样式，这些都依存于书写材料的材质、形态等等。对应各自的功能，简牍分作竹简、木简、编缀简和单独简等种类。三维的、种类多样的简牍，在向别的书写材料过渡的时候，功能相异的简各自逐步变化。单纯承载文字信息的书籍、信件最早转换为纸，而包含了文字以外若干功能的检、券、符等向纸的过渡最为迟缓。

户籍等行政类的书写物并没有在早期过渡到纸。这样的行政簿籍拥有特定形式，要在一定期间受到保存。由于具有固定格式和形式,它们与其他一般性书籍从根本上是不同的。书籍向纸的过渡之所以较早,正是由于没有文字信息以外的限制。户籍有格式的限制,还有全国统一性的制约,它变为纸必须解决技术和时间的问题,还需要外在因素、外在压力来推动。王朝户籍最终转换到纸上,必须等待西晋士民南逃、旧有户籍遭到毁灭性破坏这一外在条件。

这里还需要补充一点。这种书写材料的转变是在尽可能维持本来样式的状态下进行的。一个例子是第五章提及的楼兰出土的书籍——《急就篇》练习草稿。废纸上画着没有含义的栏线,为什么必须画出栏线? 这应该就是简牍的遗痕。此外,《春秋左氏传》的残片(图46)上可以看到两行注释。注释写作两行也应是继承了简牍的格式。居延汉简中的簿籍,对于项目的详细注记也以小文字写作两行。

包装用的织物、纸张成为书写材料时,区别重要程度和用途的包装纸(布)的颜色,其功能在书写用纸的颜色区别上得到继承,这也可以说是对书写材料固有样式的忠实延续的一例。此外附在册书上的检,虽然由于结在纸上而变小,但是形状相同、设有封泥匣的木制检仍在使用,包裹着写有文字的纸的包装纸也被使用。简牍时代的记录方法、样式、装帧等并未消失,而是被继承了下来。

向新的行政体系转换

按照中国史的时代区分,秦到东汉时代被称为古代统一帝国时代,是中央集权国家体制成立的时代。在君临于金字塔顶端的皇帝之下,配置着官僚制度、中央官厅、地方行政组织、军事防御系统,它们的结构如同一面铺开的扇形网。

秦汉时期能够筑起如此强大的专制国家，正是由于拥有这样的中央集权式的行政构造。这是概论书和教科书的通常说法。然而这不能完全归结于机构的作用，还必须认识到，如果以这些机构为基础、使其发挥机能的运用体系没有确立的话，机构就无法发挥其效能，这可以比喻为躯体，维持躯体的是内脏，连接躯体的是血管，如果没有血液和血流的话，躯体就会僵死。维持和强固国家这一躯体的血液和血流正是文书行政。

传达命令、报告、簿籍以及文书传递的确认，都要依赖文书进行，依赖文书检查。如此重层性的文书行政是政治的根干。以文书为基础的行政，与文书的形态、材质有着密不可分的关系。略微夸张一点说，中国古代集权国家就是确立于简牍这样的书写材料之上的。

书写材料在相当程度上规定着行政体系，一旦书写材料发生变化，行政制度就会受到影响，从逻辑上讲，它甚至最终影响到国家政治的变化。在简牍的基础上展开的汉帝国的行政，与纸张时代的唐代的政治之间，必然是有区别的。

书写材料的变化对政治制度产生的影响，是另一个需要面对的重要课题。以《书写材料的文化史》为题的本书，刚刚提及这个课题就已经没有了篇幅，如果展开全面探讨的话，必须筹划本书的续篇《书写材料的政治制度史》。尽管如此，只字不提地就此搁笔也有失妥当，以下想略抒己见并以此作为本书的结尾。

何谓律令制

"律令制"这一词汇，是中国唐代政治制度的根干，众所周知，它给包括日本在内的东亚世界带来了很大影响。律是具有刑罚规定的刑事法典,令是指非刑罚性的行政法典。《唐律》、《唐令》规定着唐代的行政、司法、税制等政治的方方面面,构成律令制的根基。本书概述石碑的第二章讲到,在唐代《丧葬令》中有关于树立碑、碣的规定,构成《唐令》的一章,属非刑事性的条文。

这样的律和令成立于何时,法制史学者之间不一定有一致的说法。秦汉时代秦律、汉律已经存在,已发现有相关的简牍资料。本书论述邮书传递、识字教育时,介绍了"行书律"和"史律"。

汉律与唐律同样是刑罚法规,与唐律拥有相同的法形式、条文体裁,此外虽然还有一些疑问,汉律可以说采取的是汇总的法典形式。汇总的法典,即盗律、贼律等个别律按照一定顺序并列而成的编纂物、法典。在这个意义上,汉律与唐律并无大的区别。然而如果考虑以律典和令典为两轮的律令制,那么必须说,律令制在汉代尚未成立。因为汉代的令具有与唐令全然不同的形式和性质。

首先,汉令是不能称之为令典的法典,汉代将皇帝的诏书称为令,把皇帝下达的命令作为法源来执行。第四章举出的"元康五年诏书册"就是令。秦开创统一帝国之际,将之前沿用的"令"的称呼改成了"诏"。

皇帝的命令当中,既有具有普遍性或永续性的东西,又有临时性的、局限性的东西。由于汉令是皇帝诏令,不一定是普遍的、恒久的命令或规范,作为成文法规来看还不成熟或还未完成。此外汉令的内容并不局限于非刑罚的规定和行政法规。皇帝的制诏既有行政命令,也有处罚规定,它们均是汉令。因此从根本上不能说,汉令是像唐令那样的非刑罚的、行政性的法规。

从成文法规、行政法规的视点来看,汉令不仅与唐令性质迥然相异,在令文形式即法形式上也与唐令大相径庭。

皇帝下达的制诏就是令，所以令的形式归根结底就是制诏的形式。本书已经介绍过，制诏的形式是"臣下的上奏文"＋"制曰可"，这也是汉令的法形式。那么，依次下达的制诏就是令，被附上号码保管起来。此外，各官署、各郡县各自摘出相关的令各别分类保管。皇帝的制诏逐渐依次增加，也就是说，汉令是依次追加上去的，整理、集纳汉令的方法也是将追加起来的东西连缀在一起。因此收录起来的令文并非不能追加、变更的典籍，而是未完成的卷宗性的编纂物。也就是说，它不是闭合的典籍，而是开放着的卷宗，汉令的法形式大概如此。各令的条文形式、集积起来的令的案卷，都具现了当时的书写材料——简牍的功能，可以看到，书写材料与令条文的形式、编纂之间有着密切的关系。

从令的性质、法形式来看，汉令都是与唐令性质不同的东西。然而最终纸被用作书写材料，并逐步普及。纸的简便性首先惠及书籍和信件，进而皇帝诏书也写在了纸上。诏书写在纸上也会带来制诏形式的变化，诏书形式的变化，意味着令的条文形式发生异变。进一步说，简牍的放弃不仅会影响到令文的形式，也会影响到令的收录方式。简牍所具备的文档功能，纸无法全部继承，即便通过"纸连"、"缝印"的方法将纸连结在一起，与简牍的编缀在功能上还是不可能完全相同。作为书写材料的纸最初是作为适合于书籍的材料得到普及的，还没有将其用于文书和帐簿的意识。

书写材料变迁过程中，晋王朝成立，泰始四年（公元 268 年）开始制定新的法律，编纂新的法典。这恰好是楼兰出土文字资料的时代，这时期书籍已经完全被纸代替，已经成为典籍的律以及新编纂的令都写在了纸上，作为典籍的令典即四十卷《晋令》完成。《晋律》二十卷原本作为法典存在，《晋令》是与此对应制定出来的，其内容和性质也要彼此对应,作为刑法典的《晋律》和行政法典的《晋令》之间的明显区别也是由此生成的。

作为典籍的令,很难像汉令那样随时进行追加和补订。由此"格"就应运而生了,它汇集了补充和变更律、令的临时命令,是汉代不存在的法形式,作为唐代法典枢轴的律令格式,以及在此基础上的律令制不久完成。

由简牍时代向纸的时代过渡,也就是向新的政治行政时代的过渡,律令国家自此诞生。

后　记

　　最近,恰好看到报纸新闻上"股票的无纸化"这则标题。由于电子化股票的出现,不仅股票发行企业的负担减轻,交易更加迅捷,而且不透明的交易被排除,被视为是资金净化的一环。

　　的确,保有者和名义人之间的悬隔,由于股票的电子化和电脑管理而消失。然而,名义人即契约者本人何以验明正身?据说电子交易、契约中的密码和身份号码只有个人知道,这成为契约行为者的证明。但是这种看法还是有些天真,谁也不能保证知道身份号码的只有一个人,输入身份号码的一定是名义人。

　　此外,如果知道身份号码的人离世了的话如何处理?据说身份号码的继承问题已经被纳入考虑范围。但是这并不能代替能够确证行为者自身即便是死后也发挥作用的写在纸上的亲笔署名。这一机能如何转移到不能署名的储存盘上呢?目前虽然正在对此进行研究,但可能要花费很多时间。这还关系到电子化的遗嘱是否具备法律效力。

　　纸所具备而储存盘所没有的,是文书完成者、发出者的确认和证明。特别是公证性很高的契约、司法类文件和证书,要证明是否本人完成,新的书写材料远不及纸张。书写材料被赋予的功能不仅是传达文字信息,而这些其他的功能完全转移到新的书写材料上并不容易。仅就书写文字而言，新旧的转换实际上很简单，这从电子图书的普及以及电子邮件的盛行就能够看得出来。

——书写物不单传达文字信息。契约上相应的样式、具有文档功能的各种文书的格式、形式，这些都是依赖书写材料的材质和形态构成的。

——只承载文字信息的书籍、信件最早转变为纸，检、券、符等包含着书写文字以外的若干功能的东西，其变化最晚。

以上是本书考察简牍到纸的变迁得出的结论。这个规律也适用于由纸向储存盘的变迁。

然而，简牍到纸的转变，给社会制度、政治形态以及人类脑力工作带来了不可忽视的影响。在 IT 时代、脱纸时代的今天，书写材料的变化无疑会给社会情况、人类生活，特别是知性生活带来不少的变化。其中包含着令人畏惧的因素。

由纸向储存盘的书写材料的变化所招致的最显著的现象是，不再用笔在材料上书写，转而在键盘上打字。其结果，汉字的书写能力显著降低。这一问题在打字机开始普及的时候就被指出，与此相对，有观点认为，由于打字机的应用，人们注意到了以前不了解的汉字，对于汉字的兴趣因此提高，但是也有反对意见认为，英式打字使得识字能力退化。

打字机的文字转换功能使人注意到以前不知道的汉字。然而发觉到自己的无知，也不过是初步的启蒙而已。严重的问题是，即使是具备高度识字能力的人也由于打字机的持续使用而忘记了已知的字，无法将其正确书写出来，而且识字能力在短时期内迅速减退。汉字要反复书写直至牢记，这是自小学时代起就被要求的，实际上如果不用手写的话，汉字会在瞬间被忘却，并不只是文字，所有的用语、必须记住的事情，如果不经手写的话，都会从记忆档案中抹消。

据说进行英文打字的英语圈的人不会忘记英语，这应该是真的，如同假名文字不会因为打字机的普及而被忘记一样，我们衰退的能力是作为表意文字的汉字的书写。

不仅仅是书写能力的丧失。缀合文字进行表现的写作能力退化，这也是储存盘和键盘招致的现象。最近深刻地感到，以文学作品、评论为首的所有文章中有妙趣和深度的佳作越来越少。写作是组织头脑中思想的知性工作，所谓佳作并非长于表现技法的技术型的东西，而是关系到如何以恰当的语汇表现深刻的思想、如何接合文章架构整体。具备优秀表现力和组织力的佳作，首先能够正确表达作者的思想，思想本身要体现出深度。相反，浮薄的文章不仅在表现方法上显得稚拙，而且思想的肤浅也暴露无遗。也就是说，佳作的缺乏联系着思想深度的渐失，浅薄思想的表现不会成就佳作，两者相互制约。

剪贴复制出来的"糨糊和剪子的文句"、键盘操作和汉字变换并施、漫不经心的打字机写作，凡此种种无法凝练文章、酝酿思想，只能招致浅薄划一、狭陋难懂的劣作的大量生产。

或许有人会说，持上述观点者落伍、守旧、打字机操作不熟，而且键盘与笔并无根本的差别。但是手写和键盘输入，哪一个可以将浮现于脑中的文句迅速正确地书写出来？不言自明，至少手写的时候与文义不符的汉字不会自行出现。笔者自己在授课中也有因板书不畅而自嫌自厌的时候，本书中笔者的文章也不足为赞，之所以如此，除了生来的愚钝和脑力的渐衰，明显是由于习惯了用打字机书写文章，而且欲罢不能，脑的机能一旦退化，就难以恢复到原来的状态了。

今天正在发生的由纸到储存盘的书写材料的变化，无疑会导致汉字书写能力的丧失、陋拙文章和浅薄思想的横溢。这个社会正面临着修养低落、文化真空的危机。而等在教养与文化的缺失之后的是，甚至不知"亡国"二字如何书写。

"站在历史学的前沿，重问我们的今天"，是题为《世界历史选书》的本丛书的共同题目，以上是笔者从自己的研究领域和最近的体验所做的叩问。

原著图版出处一览

记有简牍编号的图版以及略记著作、期刊的图版的出处,参照本书各章注释。

图1阿辻哲次,1989年(第五章P135注①)。

图2甘肃居延考古队,1978年(第一章P6注③)。

图3甘肃省文物考古研究所,1991年(第一章P7注①)。

图4甘肃省文物考古研究所,2000年(第一章P8注③)。

图5《殷墟妇好墓》,1980年(第二章P18注①)。

图6《石鼓与秦汉碑刻》(日文),文字文化研究所,1989年。

图7河北省文物管理处,1979年(第二章P19注②)。

图8《书道全集》1卷(日文),平凡社,1965年。

图9《中国古代度量衡图集》,文物出版社,1981年。

图10京都大学人文科学研究所藏。

图11京都大学人文科学研究所藏。

图12京都大学人文科学研究所藏。

图13京都大学人文科学研究所藏。

图14京都大学人文科学研究所藏。

图15始皇陵秦俑坑考古发掘队,1982年(第二章P41注②)。

图16中国社会科学院考古研究所洛阳工作队,1972年(第二

章 P42 注①）。

图 17 福原启郎，1993 年（第二章 P39 注①）。

图 18《文物》80 - 6，1980 年（第二章 P45 注①）。

图 19《文物资料丛刊》8，1983 年（第二章 P46 注①）。

图 20《武威汉简》，1964 年（第三章 P59 注①）。

图 21 中国科学院考古研究所编《居延汉简甲编》，科学出版社，1959 年。

图 22 大英图书馆藏。

图 23《武威汉简》，1964 年（第三章 P59 注①）。

图 24《银雀山汉墓竹简》，1985 年（第三章 P64 注①）。

图 25《中国文物精华》，1997 年（第三章 P66 注①）。

图 26 EPF22：71A/B

图 27 EJT37：1573

图 28 133.4B

图 29《书道全集》别卷 1（日文），平凡社，1968 年。

图 30 EPF22：151

图 31 29.3，185.18

图 32 N. XIV. iii

图 33 170.3A

图 34 65.7

图 35 311.34

图 36 籾山明，1995 年（第三章 P80 注①）。

图 37《银雀山汉墓竹简》，1985 年（第三章 P64 注①）。

图 38 奈良国立文化财研究所，1991 年（第四章 P92 注②）。

图 39、40 冨谷至《21 世纪的秦汉史研究》，《岩波讲座世界历

史》3（日文），岩波书店，1998 年。

图 41 佐野光一编《木简字典》，雄山阁，1985 年。

图 42 甘肃省文物考古研究所，1991 年（第一章 P7 注①）。

图 43 10. 27，5. 20，332. 26；大庭脩，1982 年（第四章 P106 注①）。

图 44 EPT22：162—165

图 45 EPT40：7，EPT51：140

图 46 M. 253，M. 255，M. 256，M. 257，M. 259

图 47 M. 169，M. 170，M. 171，M. 172，M. 173。Rischel，2001 年（第五章 P143 注①）。

图 48 M. 192

图 49 Co. Ⅰ-2

图 50 Co. Ⅱ-118

图 51 Co. Ⅰ-13，1B/Co. Ⅰ-18，6B

图 52 Ch. 928，LAVⅠii 出土

图 53 Ch. 736，Ch. 871

图 54 M. 260. 大英图书馆藏。

图 55 Co. Ⅱ-112，Ch. 807

图 56 Co. Ⅱ-48.《楼兰　残纸·木牍书法选》（日文），日本书道教育会议，1988 年。

图 57 M. 248

图 58 Co. Ⅱ-1B

引用简牍说明

关于本书引用的简牍说明如下：

(1) 居延汉简中 1930 年出土的居延旧简和 1973 年出土的居延新简均援用原简编号。例如 38.33 系居延旧简编号，EPT:、EJP: 系居延新简编号。

(2) 敦煌出土简沿用《敦煌汉简》(中华书局，1991 年)简牍编号。

(3) 楼兰出土的带有下述记号的简牍、纸文书的文献出处分别为：

Ch.：*Les Documents Chinois decouverts par Aurel Stein dans les Sables du Turkestan Oriental*，Oxford，1913.

M.：*Les Documents Chinois de la Troisieme Expedition de Sir Aurel Stein en Asie Centrale*，The British Museum，London，1953.

Co.：*Die Chinesischen Handshriften und Sonstigen Kleinfunde Sven Hedins in Lou-Lan*，Stockholm，1920. "Ⅰ"和"Ⅱ"分别指纸文书和简牍。

(4) 尼雅出土文书中的"N."记号是 Ancient Khotan，Oxford，1907 的文书编号。

其他简牍的简编号省略。

中文版后记

　　这本《木简竹简述说的古代中国》,是 2003 年日本岩波书店出版的日文同名书的中译本。译者刘恒武曾留学于日本佛教大学研究生院,同时作为班员参加京都大学人文科学研究所我主持的研究班,在本书的翻译和出版过程中,刘君付出了诸多辛劳。

　　承蒙刘恒武君和人民出版社的精心安排以及宁波大学科研基金的支持,本书中文版得以顺利付梓,我作为作者觉得十分欣喜,感谢之意无以言表。希望拙著可以让中国研究者更多地了解日本的简牍研究,从而促进这一领域的发展。刘恒武君在日语方面精研日久,贴切完美地译出了笔者日文原稿的笔调和文风。我已仔细阅读了译稿,并与刘君反复交换过意见,应该说,这部译稿已经打磨得相当成熟,刘君不仅是本书的译者,亦是本书的评论者。

　　在本书出版之际,有不少的感慨,虽系一己的所思所想,却想在此抒表出来,作为本书的收尾。

　　在二十五年前的 1981 年,我作为进修生远赴陕西西安的西北大学留学。当时年纪不过二十七八岁,同学当中有黄留珠、王维坤、张廷皓、周天游和余华清等人,现在诸位都已各成一家,在中国学术界担负着不同的重任。虽然当年我们不过是一群书生意气的学子,却彼此相约,希望携手致力于中日两国的学术交流。

　　二十五年的岁月过去了，中国发生了以往无法想象的变化。二十五年前，大家是清一色的中山装，留学中的我也是如此。当时还在使用粮票这种粮食代换券，这可能是现在的年轻人很少触摸过的。2003年重访西安和西北大学的时候，巨大的变化让我感到十分惊愕。曾经残断的西安城墙已全部修复，二十五年前西大的旧影也已无处寻觅。随着景物、生活的骤变，粮票、中山装都成为了历史遗物，成为老人褪色的回忆。

　　然而，在日新月异的二十五年中也有一如既往的东西，那就是与西大同仁们之间的友情和交流的纽带。历经二十多个寒暑，当年的青春面容都已一去不返，然而大家的友谊和热情却无丝毫衰减。黄留珠先生（留学时我们称为"老黄"）在拙著校译出版过程中倾力相助，并拨冗赐序，正是对于这种一成不变的热忱的最好阐释。回顾这二十多年弥足珍贵的友情、交流，不禁思绪万千、百感交集。

2006年3月1日

京都大学人文科学研究所　冨谷至

译者跋

　　我与冨谷至教授相识于 2001 年秋，2002 年至 2004 年，我得到冨谷教授的推荐，先后在京都大学人文科学研究所担任兼职研究助手和非常勤讲师，并参加冨谷教授和井波陵一教授主持的"出土文字资料研究班"。冨谷研究班以中国简牍、碑刻资料为主要研究对象，作为一个学术团队，其传统源自森鹿三、永田英正等京大人文研的老一辈简牍学者。冨谷教授担纲研究班以来，继续推进人文研有着深厚学术积累的西北简牍研究，曾先后推出《流沙出土的文字资料》（京都大学学术出版会，2001）和《边境出土木简的研究》（朋友书店，2003）两部论集。

　　参加研究班的两年，是我留学生活中难以忘怀的一段日子。至今脑海中还常常浮现出周五早上骑着自行车赶往人文研北白川分馆的情景。研究班的例会设在每个星期五上午，9 点开始，一直持续至午餐时刻。在我刚加入的一段时间，研究班例会一方面继续研读人文研收藏的魏晋石刻拓本，另一方面则开始进行张家山汉简《二年律令》的译注，两者交替展开，后来魏晋拓本的研读工作结束，每周的例会时间全都投入到了《二年律令》上面，如今魏晋石刻的研究成果已经汇集为《魏晋石刻资料选注》付梓出版，而《二年律令》的译注则连载于《东方学报》。

　　《木简竹简述说的古代中国》出版于 2003 年,同年中央公论新社还出版了富谷教授的另一本著作《韩非子》。我于 2004 年 5 月着手翻译本书,但始终难以找到较为集中的时间来加快翻译工作的进度,译稿初成之后,又与富谷老师反复研讨,请黄留珠先生校订把关,如此数稿修校下来,时间已过两年。我是本书的中文译者,也是熟悉原著的众多读者之一,所以在此想将翻译过程中得来的一些零散感想整理出来,供读者参考。

　　本书的研究领域为简牍学,考古发掘获得的简牍,作为一种"第一时间"的文字记录资料,对于我们研究各个时代的社会状况具有极大的学术价值。简牍学的研究经过近一百年的积累,取得了丰硕的成果,其研究历程正如本书所言,大致可以分为四个阶段:第一阶段从 20 世纪初至 30 年代;第二阶段从 20 世纪 30 年代至 40 年代;第三阶段从 20 世纪 50 年代至 70 年代末;第四阶段从 20 世纪 80 年代至今。

　　在第一阶段,我国学者王国维和法国汉学家沙畹开拓性的研究,为日后简牍学的发展奠定了基础。在第二阶段,简牍学研究因为受到战争影响而几近停滞,这一时期劳榦对于居延汉简的研究填补了空白。进入第三阶段以后,我国简牍学研究遭到"文革"的干扰而长期无法深入,尽管如此,以 1970 年代山东临沂银雀山汉墓竹简和湖北云梦睡虎地秦简等考古重大发现为契机,学界开始组织考古、历史、古文字和古文献等多领域的专家投入新发现简牍的释读和实证研究,我国简牍学因此走出低谷。这一阶段日本史学界的简牍研究成果卓著,涌现出了一批以森鹿三、大庭脩、永田英正等人为代表的优秀学者,他们以居延汉简为研究焦点,注重简册的集成、复原工作,在汉代政治、法律制度等方面的研究上取得了许多成就。

　　20 世纪 80 年代至今,我国新出土简牍资料以几何级数增长,重要发现不胜枚举,其中包括 1983 年发现的湖北江陵张家山汉简、1990 年发现的甘肃敦煌悬泉置汉简、1996 年发现的湖南长沙走马楼三国吴简以及 2002 年发现的湖南龙山里耶秦简等等,不仅数量庞大,而且内容丰富,对于正史具有极为重要的补证作用。目前,这些简牍资料的整理、释读和发表工作正得到顺利推进,相应研究方兴未艾。现阶段研究的几个焦点包括:西北简牍研究、江苏尹湾汉简研究、湖北郭店楚简研究、湖南走马楼三国吴简研究和湖北张家山汉简研究等等。

　　本书作为一本简牍学著作,并没有将探讨范围设定于若干组特定简牍的记录内容,而更关注简牍作为一种特殊历史遗物的特性和意义,将其放置于中国书写材料的演变主线中展开文化史学的考察。书中所体现的研究路径,吸纳了日本学界注重简牍实物本身研究的学术传统而又有所拓展。书中倡导全方位、多角度的研究方法,除了通常的文献学式的研究之外,利用文物学的方法对简牍的种类、形制以及编缀方式等特点展开详考,同时利用古文书学的研究方法对简牍文书的撰制、编册以及传递进行探讨,以此揭示简牍记载内容之外的大量历史信息。此外,作者充分考虑到了简牍使用的历史延展度,将考察视野拓展到早期甲骨和青铜以及后期出现的纸张等等书写材料,清晰地揭示了简牍在我国书写文化史上的地位。制度史视角的引入也是本书研究特色之一,作者始终将简牍等历史遗物放在中国古代制度演变的大背景下展开思考,提出了许多发人深思的见解。

　　我国的简牍学研究基本上是以探讨简牍记载的内容为主,换言之,也就是将简牍视为一种竹、木材质的古代文献进行考察。毋庸置疑,从记录历史信息这一点来讲,简牍与纸质的典籍、文书一样属于历史文献。然而不能忽视的是,简牍虽然与纸张一样是文字的载体,但是特性、功能和使用方法存在区别。作者认为,作为书写材料的简牍是一种多维的历史资料,不仅简牍记录的内容包含着大量的历史信息,简牍本身作为一种特殊的遗物,具有与纸张不同的内涵与分量,其实物本身也能从多个方面反映古代社会的状况。因此本书强调,简牍研究一方面属于历史学、文献学的研究,同时也是考古学、文物学和古文书学的研究。就本书内容而言,以下几个方面值得注意:

首先,本书从文物学的角度对简牍进行了分类,将其分为单简和编缀简两个大类,特别指出,单简除了拥有作为文字载体的功能之外,还能发挥信凭物、标识物的作用,这一点是纸张无法替代的,编缀简与其他材质的书写材料相比,由于可以持续追加而在文档的记录和整理上拥有突出的优势。在最后两章论及书写材料由简牍向纸张的过渡时,作者指出,不同用途的简牍过渡为纸张的时期各不相同,原本作于编缀简上的书籍、信件最先完成了向纸的过渡,而各种功能各异的单简以及官方文档、簿籍向纸张的转移则经历了相当长的历史时期。这一结论也是基于对简牍实物特性的全面考察而提出的。

其次,本书强调简牍出土地点的研究,主张探明与简牍关联的所有考古学信息,进而弄清简牍的发出地和接收地以及相关各遗址的属性。这种方法旨在将简牍置于考古学坐标之内展开考察,由此最大可能地获取简牍本身所携带的历史信息。

此外,本书论及汉代文书行政的状况,其成果多出自古文书学角度的探讨,这种方法具体而言,是以简牍书式为基准,以出土地点为单位,对简牍册书进行复原,并且考察其传送方式以及传送过程中的变化。日本学界森鹿三、大庭脩、永田英正等学者曾经利用古文书学方法取得了不少成果,本书不仅对这一方法进行了全面阐发,而且将先前研究推进了一步。

最后,特别值得一提的是,本书对于简牍这一中国古代书写材料的利用及变迁的考察,始终没有脱离中国中央集权帝制形成与发展的历史大背景。本书认为,简牍作为一种书写材料在秦汉时期达到高度成熟,这与秦汉时期文书行政体系的建立与完备密切相关,简牍在行政领域中的利用使得文书行政得以贯彻,而文书行政又是集权帝制不可或缺的支撑。因此简牍文书的种类、功能以及传送等方面的特征归根结底是由秦汉政治制度决定的,而对于简牍文书本身的编缀方法、使用方式以及传送方式等方面的复原研究,有助于我们透彻了解秦汉文书行政的全貌。书中还指出,由简牍到纸张的过渡,并非单纯的新旧事物的交替,其过程还受到行政因素的制约,由于各种简牍在文书行政体系中功能各异,它们被纸张替代的时间也不尽相同。

或许译稿无法全面彻底地体现原著的固有特色,但是希望这本译作能够提供一个契机,激发起国内读者进一步了解海外简牍学研究状况的欲求。在此,对人民出版社惠赐本次出版机会表示由衷的谢意,特别要感谢编辑邵永忠博士的鼎力协助,审稿、联络过程中他不厌其烦,并且提出了许多宝贵的校订意见,其高度敬业精神令人感服。本书由宁波大学学术著作出版基金资助出版,在此还要衷心感谢宁波大学文学院和学校科研管理部门诸位老师的支持与关怀。

刘恒武
于 2007 年 4 月 20 日

补　论

　　《木简竹简述说的古代中国——书写材料的文化史》(旧版)已经付梓 10 年,这 10 年间,我着眼于简牍的两大功能展开考察,陆续发表了若干相关研究成果。此外在 2010 年出版的《文书行政の汉帝国——木简·竹简の时代》(名古屋大学出版会)一书中,我从简牍两大功能入手,对汉代的文书行政进行了论述。

　　所谓两大功能,其一是指文字信息的传达,其二是指简牍可将自身形制、简文书体等要素化合为一种视觉体验,让书写内容拥有权威性和严正感,进而赋予公文书一种震慑力。我将前者称为"知觉功能"或"知觉简牍",将后者称为"视觉功能"或"视觉简牍",木简、竹简兼具这两种功能。

　　木简的长度,以及所谓悬针、波磔等写法,属于视觉功能的关联要素。在视觉功能概念阙如的旧著中,笔者虽然述及简牍长度和文字书法,却未作深入分析。因此,新版追加"简牍长度与文书行政"和"汉简的书体与书法艺术"两章,以补旧版之缺。

第一章　简牍长度与文书行政

Ⅰ　木简的长度

　　编缀简的简札标准长度被定为 1 尺。除了标准简之外,皇帝使用的简牍长 1 尺 1 寸,儒家典籍则用 2 尺 4 寸简……书籍的权威性和简牍的长度之间是相互关联的。(旧版第三章)

1 尺、1 尺 1 寸、2 尺 4 寸这样的长度规格,并非简牍使用之初就已经确定下来的。

秦统一前后的出土简牍,以湖北省云梦县出土的云梦睡虎地秦简为代表,这批秦简不仅数量多,而且文字内容主要涉及司法、行政。竹简长度根据书写内容而有所不同,变化范围在 23 至 27 厘米之间。

秦始皇统一前后的简牍,以云梦龙岗六号墓出土秦简为例,这批简牍与云梦睡虎地秦简一样拥有秦律内容,根据 293 支断简中保存状态比较好的简,可以推定简札的完整长度:大约 28 厘米。龙岗秦简年代,大致应在秦始皇二十七年(公元前 220 年)至秦二世二年(公元前 208 年)之间。

接下来必须提及的是湖北省张家山二四七号墓汉简。将近 1200 支简札,分为历书、汉律、算数书等 7 种,竹简长度为 22 至 34 厘米,年代应为西汉吕后时期,大约在公元前 187—前 180 年。

同样,江陵张家山三三六号汉墓也出土了 370 余支竹简。内容包含法令、历书、养生书等等,简札长度 25 至 37 厘米(历)。法令分为律和令,均写在 30 厘米长的简上,两者之间无尺寸之别。

此外,山东省银雀山一号墓出土了内容涉及《孙子兵法》《孙膑兵法》《晏子》等的简札,包含断简在内约计 7 500 支,分为长短两种,多数长度为 27.5 厘米,占书之类的文字记录物长 18 厘米。该遗址二号墓中发现了汉武帝元光元年(公元前 134 年)的历谱,其长度为 69 厘米。银雀山一号墓的年代,根据墓中出土的铜钱(三铢钱和汉半两钱)可以推定,应为建元五年(公元前 136 年)前后。简牍书写的时期会比墓葬年代更早,因此银雀山竹简书写年代很可能是在武帝期之前的景帝或文帝期。

以上大致梳理了秦统一以前至西汉文帝初期的简牍长度,尽管简札长度平均约为30厘米,但事实上有关简长的明确规定还不存在。

25至30厘米长的书写材料,恰好相当于A4纸的长度,可以说,从书写媒体功能、书写便利性以及书写字数等各方面而言,这一长度都是最为适宜的。作为书写材料的适宜长度,不久就成为规定值。那么,由概数1尺到实数值1尺的转变,发生在什么时间点呢?

额济纳河和疏勒河流域出土的居延汉简、敦煌汉简大都长23厘米多,相当于汉尺的1尺,而且居延A32肩水金关遗址还出土了一把长23.2厘米的木尺(补图1),可以想象,这把尺子与1尺简牍同出,应是用来确定书写位置的。还可推断,到了居延汉简、敦煌汉简的时代——汉武帝末期至东汉初期,概数1尺的简长已经成为实数1尺的简长。那么,从哪儿入手去探寻概数1尺简转变为实数1尺简的线索呢?

补图1

上文已经提到,皇帝的诏书长1尺1寸。显然1尺1寸的长度是实数,因此尺一诏的出现是首先应当考虑的。

Ⅱ　尺一诏的出现

1尺1寸长度中的1寸,是为了使皇帝诏书中的帝言"制曰可"的第一个字"制"能够抬头,这样既可以强调此类文书的"皇帝命令"属性,也可以明示该类简牍的权威性。在石刻、简牍上都能看到这样的书写格式,这一点在旧版中已经讲到。

旧版未尝言及的是,"制"字一字抬头的书式始于何时? 以下对此作一番分析:

首先,"制曰可"这样的用语,自秦始皇时期就已经有了,在著名的焚书命令文书以及追刻于琅琊台等秦刻石的秦二世诏书上,都能找到这 3 个字。

> "臣请史官非秦记皆烧之。非博士官所职,天下敢有藏《诗》、《书》、百家语者,悉诣守、尉杂烧之。有敢偶语《诗》、《书》者弃市。以古非今者族。吏见知不举者与同罪。令下三十日不烧,黥为城旦。所不去者,医药卜筮种树之书。若欲有学法令,以吏为师。"制曰:"可。"
>
> 《史记·秦始皇本纪》
>
> 皇帝曰:"金石刻尽始皇帝所为也。今袭号而金石刻辞不称始皇帝,其于久远也如后嗣为之者,不称成功盛德。"丞相臣斯、臣去疾、御史大夫臣德昧死言:"臣请具刻诏书刻石,因明白矣。臣昧死请。"制曰:"可。"
>
> 《史记·秦始皇本纪·琅琊台刻石》

此外,这也成为江陵张家山二四七号墓出土汉律令之"关津令"的法律书式。为行论简明起见,以下仅举一例:

> ●丞相上鲁御史书,请鲁郎中自给马骑,得买马关中,鲁

御史为传，它如令。●　丞相、御史以闻，制曰可。

简编号 522　津关令

问题是，这些"制"字是否抬头？秦刻石之中，目前还留有部分秦二世追刻的是琅琊台刻石，如图所示，"制曰可"位于最终行的开头(旧版图 8)。不过，那是文句连续排列的结果，还是特意改行的设置，尚未可知。遗憾的是，根据刻石无法推定：写在简牍上的秦二世诏书原件中的"制曰可"的制字抬头，当时已经有了尺一诏。

张家山汉律令中的"津关令"，简札上写作"●　制曰可"(补图2)。"●"是散见于简牍的一种符号，表示该文句是独立的，与前面的文句无关联。二年律令是作为随葬品放置在墓主身边的，是原文书的誊本。那么，誊本在何种程度上忠实遵循了原件的最初书式？这一点不得而知。不过，从张家山汉律津关令中两支简的简文来看，在张家山汉律书写的时代，"制曰可"尚未采用抬头格式。

□、相国上内史书言、请诸【言作】(诈)袭人符传出入塞之津关、未出入而得、皆赎城旦春、将吏智(知)其请(情)、与同罪。·御史以闻、●制　　　　简番号　496　津关令

曰可、以□论之。　　　　简番号　497　津关令

显然，简 496 和简 497 是两支依次编缀的简札，496 简结尾写着"制"，497 简开头写着"曰可"(补图 3)。假设书写 496、497 两简之际，所参照的正式汉令"制曰可"已用抬头格式，那么即便不忠实誊写原本格式，难道会将"制"字放在一支简札的末尾，而将"曰可"两字写在另一支简上吗？

补图 2

补图 3

张家山汉律的书写年代,被认为是吕后时期,大致在公元前186年。可以推断,吕后二年(公元前186年)前后,"制曰可"抬头的1尺1寸简这种简牍定制尚未成立。

文献史料中可以找到尺一诏存在的证据,汉文帝时期汉与匈奴互致书函,汉朝一方的书简长1尺1寸,而匈奴单于的回信则写在1尺2寸的简札上。

> 汉遗单于书,以尺一牍。辞曰:"皇帝敬问匈奴大单于无恙",所遗物及言语云云。中行说令单于遗汉书以尺二寸牍,及印封皆令广大长。倨傲其辞曰:"天地所生日月所置匈奴大单于敬问汉皇帝无恙",所以遗物言语亦云云。
>
> 《史记·匈奴列传》《汉书·匈奴传》

不过,这毕竟是皇帝的书简,而非写有"制曰可"三字的令,这里的"尺一牍"之语,反映出令以外的皇帝诏书一般长1尺1寸。

然而,根据《史记》及《汉书·匈奴传》,逆汉而行的外交,实际上是投靠匈奴的中行说的谋略,中行说于文帝六年(公元前174年)匈奴老上单于即位之际被派往匈奴,结果滞匈不归。假如他在任职汉廷之际就已了解尺一诏之制,或可据此推测,皇帝1尺1寸用简制度的成立时间大致在上述张家山汉简推定年代——吕后二年(公元前186年)至文帝六年(公元前174年)这8年间,另需指出的是,文帝初年的公元前180年前后,吕氏之乱平息,皇帝权威得以恢复。

那么,儒经2尺4寸的规制始于何时呢?

儒经与律一样,写在2尺4寸的简牍上,文献史料中有如下记载：

> 钩命决云。《春秋》二尺四寸书之。《孝经》一尺二寸书
> 之。故知，六经之策，皆称长二尺四寸。
>
> 　　　　　《左传·杜预序》、《孔疏引郑玄注论语序》
> 《易》、《诗》、《书》、《礼》、《乐》、《春秋》皆二尺四寸。
>
> 　　　　　　　《仪礼·聘礼疏引郑玄论语序》
> 唐、虞、夏、殷同载在二尺四寸。儒者推读，朝夕讲习，不
> 见汉书。
>
> 　　　　　　　　　　　《论衡·宣谊篇》
> 二尺四寸，圣人文语。朝夕讲习。义类所及，故可务知。
> 汉事未载于经，名为尺籍短书。
>
> 　　　　　　　　　　　《论衡·谢短篇》

1959 年，甘肃省武威县磨嘴子 6 号汉墓中发现的《仪礼》，由长度
不同的甲、乙、丙三种简牍编成，尺寸为 55 至 56 厘米（乙本略短，
50.5 厘米），大致相当于所谓 2 尺 4 寸。同 6 号汉墓出土的《日忌
木简》及《杂占木简》长 23 厘米强，磨嘴子 18 号汉墓中发现的王杖
十简，写有成帝建始二年（公元前 31 年）的令，随葬于东汉明帝永
平十五年（公元 72 年），长 23.2 厘米。如果说磨嘴子出土的其他
简牍都采用了汉一尺的规格，那么可以认为，武威《仪礼》的长度遵
循了儒经 2 尺 4 寸的定制。儒经的特定长度，不仅见载于文献史
料，而且从出土资料中可以得到确认。

　　根据《论衡》和郑玄注记载，儒经简长 2 尺 4 寸，证明东汉时期
这已成为定制。那么这一制度具体可以上溯至何时呢？一条相关

线索是上文提到的武威出土的《仪礼》,据推测其书写年代应为西汉晚期成帝时期。另外,1977 年安徽省阜阳双古堆 1 号汉墓出土有竹简《诗经》,该墓墓主夏侯灶去世于西汉文帝十五年(公元前 165 年),由此推断,竹简年代也在这一时段。这批出土简只有残片,经复原估算,竹简原长 26 厘米左右,并非二尺四寸(约 55 厘米)。因此儒家经书逐渐确定采用二尺四寸简,大概是在西汉文帝末年至汉成帝之间的时期。

西汉文帝末年至成帝大约 150 年的区间之内,若要进一步明确 2 尺 4 寸经书简的成立时期,可资参考的是记载律典的简札长度及其确立时期。

Ⅲ　2 尺 4 寸的经书和律典

上文讲到,皇帝之"诏"1 尺 1 寸,其长度确定于文帝初年。"令"是法形式之一,汉令的形式并非以皇帝诏书为底本加工、编纂而构建出来的。在朝臣上奏文的结尾,加上一支写有帝言"制曰可"的简札,这就是汉令。准确定义上的汉令,其"制曰可"的"制"字应抬头。因此可以肯定地说,书写汉令的标准简札的长度,与诏书一样是 1 尺 1 寸。

除了令之外,还有律这种法形式。律自秦代就已存在了,云梦睡虎地秦律中,有"某某律"之类的律典篇名,其书式不同于保留了下行文书形式的令,是编辑起来的所谓法律条文、文章。律,即皇帝命令在某个时期经整理形成的成文法,律也是单行命令(令)按特定篇目汇编整合而成的法令集。成文法、法令集,即律的法形式。

帝王命令之中,原本包含有临时性的规定。令到了律的阶段,就开始带有成文法规的性质,具备了普遍性和恒常性。不过在这一过程中,律也失去了令所具有的某些性格,失去了法权威、法令的依托。

行政意义上,令是皇帝的命令,无须赘言,皇帝拥有立法权,令只是皇帝一个人的命令。然而皇帝的命令,拥有法的权威,能够给令加持一种效力,为其赋予一种遵法强制力。令的法形式,就是皇帝的诏书,"制"字一字抬头,简札 1 尺 1 寸,比一般简札更长,这种形态在视觉上昭示了命令的威严,同时也添加了一种带有规范意味的保证。

那么,律又如何呢? 在律的法形式中,不云王言,只记条文。律,是由皇帝命令升华而成的国家规范。"律"的语义,并非"皇帝命令",而是"应当遵守的恒定标准",这也反映出律被赋予的性质,即恒常性和普遍性。然而在既不具备诏令格式,也无抬头的"制"字的律文中,帝王权威无从具现。这样,让人们恪守律条的强制力也就失去了存在感。

秦代,法(律)毕竟与度量衡地位等齐。关于法即度量衡的理念,韩非子明确指出,法=度量衡,是为政者和官吏们施政的道具,代表度量衡标准的量器、衡器由各个官署发放,同样,律条也由各官署颁布。律有"音律"的意味,所谓"同律度量衡"(《尚书·舜典》)。就是说,律具有断事标尺的属性。

的确,在绝对权力之下,度量衡的有效性可以得到保证,不过度量衡器物本身并不具备不可侵性。正因如此,各衙署配备的标准器上镂刻着皇帝诏书文字。无论如何,秦的大一统仅仅持续了 10 余年,到了汉朝,律条才被附上了威权的光晕。

为了保证律的权威性和强制力,汉朝可能将律文与儒家经书放到了同等位置。"律"有"常"的语义。"经"亦意味着"常",被赋予了作为圣人不朽大典的权威。"经"＝"律"＝不朽的规范,较之皇帝个人命令已经升华至更高的层次,以此推之,律也要被加持权威。那么,这始于何时? 这种权威性又是借助什么得以具现的呢?

律,也被称为"三尺"。这一称呼缘自律文简长 3 尺吗? 根据别的史料,2 尺 4 寸简也被使用。

> 君为天子决平,不循三尺法,专以人主意指为狱。狱者固如是乎? 周曰:"三尺安出哉? 前主所是著为律,后主所是疏为令,当时为是,何古之法乎!"
>
> 　　　　　　　　　　　　　　　　　　　《史记·酷吏传》
>
> 二尺四寸之律,古今一也。
>
> 　　　　　　　　　　　　　　　　　　　《盐铁论·诏圣》
>
> 如太守汉吏,奉三尺律令以从事耳,亡奈生所言圣人道。
>
> 　　　　　　　　　　　　　　　　　　　《汉书·朱博传》

就此处 3 尺和 2 尺 4 寸的关系而论,其实二者相同,汉 1 尺相当于周 8 寸,汉之 3 尺恰好是周之 2 尺 4 寸。律文实际使用的是汉尺 2 尺 4 寸简,比附周尺,将"三尺"作为律的雅称。

2 尺 4 寸,也是儒经用简的长度。这意味着,律与经书拥有同等的权威。王充《论衡》曰:"至礼与律犹经也。"(《论衡·谢短篇》),又曰:"法令,汉家之经。"(《论衡·程材篇》)。律与经使用相同长度简札的时期及其过程,以及由此产生的权威关系,都是需要深入思考的。

如果认为,律写在 2 尺 4 寸简上,意味着律与经书被放在了相等的位置,被赋予了相同的权威,那么就必须指出,2 尺 4 寸经书的制度化是先行发生的。经书用 2 尺 4 寸简之制，大致确立于武帝即位的公元前 140 年至天汉年间的公元前 100 年之间，在这半世纪长的时间段，出现了长简经书诞生的契机吗？

就汉武帝与儒学而言，根据以汉武帝元朔五年（公元前 124 年）公孙弘奏文为基础的博士弟子员设置和经学习得者任官规定（功令）的立法措施，儒学作为官吏必修的学问得以立法化。

《史记·儒林传》确切地记载了功令制度的立法化，在这个阶段，经书与其他书籍被区别开来，书写经书的 2 尺 4 寸简开始带有权威意味，这一推断应当无误。

假设律长 2 尺 4 寸是模仿经书的结果，那么为什么经书长 2 尺 4 寸？ 其长度的依据是什么？ 我这里也拿不出确切的解释。皇帝诏书长 1 尺 1 寸，实际上是 1 尺简的 1.1 倍，多出的 1 寸恰好是给"制"留出的尺寸。2 尺 4 寸源自何处呢？ 这里有必要作一番分析。

尽管未能超越推论的藩篱，这里暂且将笔者的推论作一阐述。

"三尺之律"见于《史记》，实测值 2 尺 4 寸（55 厘米），鉴于与周尺的折合关系，作为概念长度的 2 尺 4 寸被称为"三尺"。作为概念数值的 3 尺，相当于 1 尺的 3 倍。设定经书长度之际，若以 1 尺为基准，那么经书取 1 尺的几倍？ 2 倍和 3 倍都是可能的选项，二者之中，3 倍于 1 尺的 3 尺（2 尺 4 寸），比 2 倍于 1 尺的 2 尺（1 尺 6 寸）更能给人明显长于 1 尺或 1 尺 1 寸的印象。《孝经》1 尺 2 寸、《论语》8 寸，这反映出经书 2 尺 4 寸确立之后，《孝经》、《论语》的地位较之其他传与记上升了一个阶位，前者取 2 尺 4 寸的一半、后者以汉 8 寸代表周 1 尺。

综上所述，汉初文帝时代，致力于内政体系树立皇帝权威，公元前 180 年左右,作为实数值的 1 尺、1 尺 1 寸的简札长度得以确立。到了武帝时代,公元前 124 年,由于经学独尊政策的出台,经书长度确定为 2 尺 4 寸,不久之后,为了保证律与经书地位相同,律文用简也被定为 2 尺 4 寸。今天也是如此,对应文书的具体内容和权威性,文书的形式、书式要有所区别,凭借这种区别,文书行政的架构得以建立。在这个意义上,可以推定始于西汉的中国文书行政体系大致确立于公元前 120 年至前 100 年之间。

第二章　汉简的书体与书法艺术

从秦到东汉、再到三国,篆书→隶书→八分→草书的发展过程中有两个向量。一个从速就简,另一个是追求美观。这两个向量同时存在。

"文书行政带来的行政、司法类文书以及簿籍的增加",是促使篆书向隶书、进而向草书变化的"助动装置"。(旧版)

在此,让我们对上述论点再作一番思考。

艺术的确立意味着什么? 美又意味着什么? 从古希腊时代起,就有很多哲人致力于这一课题的探讨。人类是否出于某种先天的知觉,而具有着迷于美的事物的本能? 或者拥有创造美的事物的志向?

当我们就艺术的确立这一问题展开思考之际,首先要留意以下几点。

第一,此时此处有关艺术觉醒的思考,并不意味着今人在过往历史文物中找寻美的价值与艺术性。

　　其次，艺术品为世人认知分为两种情况，一种是作品创作者凭借艺术自觉创作出来的东西，得到人们的积极评价；另一种是制作者原本并无创作艺术品的意识，而是出于其他目的完成的作品，其美学价值恰巧被鉴赏者发现。这两种情况必须区别开来。

　　我想探讨的是，创作者艺术自觉的有无，以及创作者所处时代普遍共有的艺术价值。

　　为文字赋予艺术性，使其成为鉴赏对象，此即所谓书法艺术。本来文字书写是一种以意志传达、事项记录为第一目的的实用行为，一开始就与立意于艺术创作的绘画大相径庭。文字书写要成为书法艺术，必须满足以下两点：

　　ⅰ　书写优美文字的意识。

　　ⅱ　希望模仿他人漂亮字体的意识。

　　ⅰ反映出自己内心艺术意识的觉醒，ⅱ意味着美的客观化和艺术的普遍化，若二者开始出现，就可以说，那个时代书法艺术正在确立。

　　下文将从书体名称、木简所见运笔及习书三个视角探讨中国文化史上书法艺术的确立时间和经纬。

　　Ⅰ　书体名称——隶书·草书·楷书

　　如果说书体是文字的表现形式、运笔样态，或者说书体包含了若干不同的种类，那么或许可以断言，书体关联着文字表现形式的长短比较、运笔手法的优劣评价，即是文字之美和书法艺术确立的指标。

　　隶书、草书是为人熟知的书体，这样的书体名称、运笔手法名称是什么时候出现的呢？

关于秦始皇统一文字,教科书和普通读物往往如是解说:"战国时代各地使用的各种书体被李斯创作的隶书(小篆)统一取代","近年发现的秦竹简以隶书书写"。暂且不论这样的解说是否妥当,需要一问的是,秦始皇时期"隶书"、"篆书"、"草书"等名称已经存在了吗?

"篆书"、"隶书"等用语的初见文献,是《说文解字·序》(公元100年撰成)、《汉书·艺文志》(公元92年编者班固故去,其妹班昭完成了八表及天文志)。两者在引用有关学童考试的地方,都对6种或8种书体进行了说明,其中言及"篆书"、"隶书"等用语。以下是《说文解字》的相关语句:

> 自尔秦书有八体。一曰大篆,二曰小篆,三曰刻符,四曰虫书,五曰摹印,六曰署书,七曰殳书,八曰隶书。
>
> 汉兴有草书。尉律:学童十七以上始试,讽籀书九千字,乃得为吏。又以八体试之。郡移太史并课,最者以为尚书史。书或不正,辄举劾之。
>
> 《说文解字·序》

毋庸赘言,《汉书》、《说文解字》撰写于东汉时期的公元1世纪前后,由上文可知,班固、许慎解释了汉律所见"六体"、"八体",虽然其中出现了"隶书"一词,但这并不意味着该词西汉时期就已存在。查阅文献史料和出土资料,尚无法断定"篆书"、"隶书"、"草书"出现于秦代或西汉。

《说文解字》引用的文字,是西汉时期有关文字习得考试和书记官选考的规定,这一规定亦见于近年发现的张家山二七四号墓出土汉律：

> 史、卜子年十七岁学。史、卜、祝学童学三岁，学佴将诣大
> 史、大卜、大祝，郡史学童诣其守，皆会八月朔日试之。试史学
> 童以十五篇，能风书五千字以上，乃得为史。有以八体试之，郡
> 移其八体课大史，大史诵课，取最一人以为其县令史，殿者勿以
> 为史。三岁壹并课，取最一人以为尚书卒史。卜学童能风书史
> 书三千字，征卜书三千字，卜九发中七以上，乃得为卜，以为官佐。

以上是汉律之《史律》的条文，其年代被推为西汉初年吕后时期的
公元前 186 年前后。这段律文与《说文解字》内容相近，两者有关
选考规定（史律或尉律）的具体细节虽有若干不同，但基本上可以
视为同文。

　　然而，这里的问题是，在被认为是西汉初期法规的《史律》中，
看不到"隶书"这一用语。相关规程如是："卜学童能风书史书三千
字，征卜书三千字，卜九发中七以上，乃得为卜"，文中可以看到"史
书"一词。《汉书》、《后汉书》里还有"善史书"、"能史书"的说法。
用例如下：

　　①《汉书·王贡两龚鲍传》
　　（武帝时期）郡国恐伏其诛，则择便巧史书习于计簿能欺
上府者，以为右职；奸轨不胜……欺谩而善书者尊于朝，悖逆
而勇猛者贵于官。故俗皆曰："何以孝弟为？"
　　②《汉书·赵尹韩张两王传》
　　（王）尊窃学问，能史书。年十三，求为狱小吏。

③《汉书·酷吏传》

(宣帝期严延年)尤巧为狱文,善史书,所欲诛杀,奏成
于手。

有一种观点认为,"史书"意指隶书。果真如此吗? 就以上 3
个事例而言,擅长书写隶书,与"蒙蔽上级官署"、"随心所欲地拟出
死刑判决"之间存在联系吗? 需要指出的是,以上①—③3 条史料
所说的"善/能史书"实际上都是有关负面事例的记述。

这里姑且搁置有关"史书"所指为何的考证。总之,隶书这一
用语不见于西汉,"史书"被认为是隶书的近义用语,留意这一点,
我们再作进一步的论述。

与"隶书"一样,"草书"这一用语也不见于西汉。若认为"草
书"源于"草隶——草率书写的隶书",那么可以推定,有了"隶书"
一词,始出"草书"之语。据此可以说,西汉时期尚无"隶书"一词,
当然也就无"草书"之语。

关于草书,东汉末期灵帝时代(公元 168—189 年),赵壹撰有
一篇题为《非草书》的书论。

——余郡士有梁孔达、姜孟颖,皆当世之彦哲也,然慕张
生之草书过于希颜、孔焉。孔达写书以示孟颖,皆口诵其文,
手楷其篇,无怠倦焉。

——夫草书之兴也,其于近古乎? ……盖秦之末,刑峻
网密,官书烦冗,战攻并作,军书交驰,羽檄纷飞,故为隶草,
趋急速耳,示简易之指,非圣人之业也。但贵删难省烦,损
复为单,务取易为易知,非常仪也,故其赞曰:"临事从宜。"

而今之学草书者,不思其简易之旨,直以为杜、崔之法,龟龙所见也,其蛮扶拄挃,诘屈犮乙,不可失也。龇齿以上,苟任涉学,皆废苍颉、史籀,竞以杜、崔为楷;私书相兴:"庶独就书,云适迫遽,故不及草。"草本易而速,今反难而迟,失指多矣。

　　——且草书之人,盖伎艺之细者耳;乡邑不以此较能;朝廷不以此科吏;博士不以此讲试;四科不以此求备;正聘不问此意;考绩不课此字。

　　文章提到的"张生"即张芝,与赵壹同时代,是西汉灵帝时期的书法家。"杜"指杜度,汉章帝(公元75—88年)时代任齐国相,是最早以擅长草书而出名的人物。崔瑗(公元77—142年)师法杜度,撰有《草书势》,《后汉书》有传载其事。

　　《非草书》指出,假如草书最初是为了快捷书写隶书而创,那么它就像一种速记的替代物,但后来人们背离了草书本来的宗旨,以书家作品为范本,耗时劳心地追求草书的美感。赵壹对这一风潮进行了批评。然而我所说的书法艺术的成立条件,在这篇文章中都有论及:(1)书写优美文字的意识。(2)希望模仿他人漂亮字体的意识。主观和客观两个方向的条件都已存在。

　　草书向书法艺术升华的倾向,出现于"非草书"提及的杜度和崔瑗的时代,即公元1世纪前后。《草书势》应是一部论述草书的运笔和笔势的专论,旨在探讨字体之美及其书写之道。不仅限于草书,追求隶书之美的风潮应该也已出现。若将草书视为一种变形之美,那么其原形的美必须确立在先,从这个意义上考虑,作为草书母体的隶书也已是一种具有艺术性的书体。

见于《非草书》一文的"隶草"一词,并非后世流行的草书化的隶书,而只是"隶书的速笔",最初先有"草书"这一书体名,但它未被视作独立的书体。公元 1 世纪,"草书"这一独立的书体名开始登场,毋庸赘言,当时隶书这一书体业已存在。

简言之,东汉 100 年前后,西汉时期所未见的"草书"、"隶书"等称呼确立起来。人们着力追求两种书体各自不同的美感,以之为楷范的所谓书法艺术由此形成。编纂于公元 100 年的许慎的《说文解字》也处在那个时期。

那么,与书体名称相伴的书法艺术,是什么时候、以何种形式确立的呢? 关于这一过程,下文将以近年居延、敦煌出土的木简为线索进行探讨。

Ⅱ　木简讲述的书法与习书

（一）悬针和波磔

在居延、敦煌汉简中,可以看到被称为"悬针"、"波磔"的独具特征的运笔方式。

所谓悬针,是一种由上至下行笔,到了下部用力拉长放大的运笔模式。波磔的特征则是向右下（也有向左下方的）出撇之际用力拉伸。（参照旧版图 41）

悬针与波磔,都不是普通的写字方式,可以说,写手将某种特别的意味、特别的意图注入到了字体之中,使之带上了一种仪式感。注入其中的意图,应即是书写漂亮文字的意识,或成就视觉之美的尝试。（旧版将悬针和波磔称作"含有艺术特征的书体",这里有重新考虑的必要。）

需要注意的是,带有波磔、悬针的简札达到了相当的数量,可以看到,出自多个书记官的手笔表现出共通的运笔特点。这就是说,它们并非某个书记官个性化的运笔,而应被视作一种具有普遍性的东西。根据用来练习波磔、悬针的习书简来看,这两种运笔的普遍性是确定无疑的。

波磔、悬针的共通特征如下:

(1) 悬针集中见于"年"、"令"、"可"、"案"、"教"、"事"、"律"、"行"、"拜"等特定文字。(补图4、补图7)

(2) "可"、"令"、"年"、"案"等文字上必须以悬针笔法书写吗? 未必。写着相同文句的不同简札上,不见波磔、悬针笔法的字例也大量存在。

(3) 带有悬针、波磔的字,并不一定位于文句的最后,也有见于文句中间的。这种笔法必须用于特定位置吗? 未必。

可以说,特征各异的这些笔势取决于书记官的性情。如(1)所示,悬针向若干特定文字集中,就其关联文字而言,并无任意性。若是出自艺术自觉的个性化的美学追求,悬针应见于更大的文字范围。我不认为悬针、波磔是体现了书写者的艺术意识、旨在书写漂亮文字的技法。

有悬针笔法的"可"、"案"、"年"等字,在行政文书中大都是一字关键词。"可",即"制曰可"的"可",意为皇帝认可,这在上文有关1尺1寸简长

补图4

和"制"字抬头的章节已有论述。"律"、"令"、"教"意味着命令以及命令的执行,"案"是调查、研究的意思,是提交给上级官署的报告文书的常套句。此外,"拜"是谦让恭敬之语;"年"用于表示某某

年,见于纪年简;"行"意指文书递送。此类用语在行政文书中悉数登场,而且在文书中发挥着重要作用。

关于书记官的运笔,"在文书中书记官根据自己的意向,针对文书中的关键词,在收笔时伸长笔画来获得一种强调效果",这就是"悬针"笔法吧。以悬针、波磔笔法进行点缀,追加某种视觉渲染,这种做法即是与行政文书精妙匹配的书法(与其称为"书体",不如称为"书法")。这里所谓"匹配",归因于文书整体视觉效果,以及由此而来的公文书的威信和震慑力。不过此类笔法的运用,其目标寄留于行政文书的完成,并未延伸至追求字体之美的艺术志向。如果书写优美字体的意向的确存在,那么悬针、波磔的表现笔法就不仅限于若干特定文字,而应扩及其他更多文字。在以东汉时期盛行的八分体——工整隶书镌制的石刻上,很少能够见到悬针,这一点或许令人费解。尽管有几处石刻有悬针痕迹,但铭文往往是行政文书的拷贝。这如实反映出,当时悬针并未演化为艺术性笔法,还未从行政文书书法的藩篱中超脱出来。

波磔,在石刻上确有发现,然而那只是运笔之际笔力抑扬的结果,而木简上的波磔则是一种更具意识性的运笔,两者相隔一线。就波磔而言,较之悬针,这种笔法的所见文字范围更广,其中以"之"、"取"等字所见频度最大,集中于特定文字的倾向也相当明显。

(二)习书简

"习书简"一词,是日本、中国简牍研究者使用的简牍学术语,特指留有习字痕迹的简札。在中国简牍的语境中,想要学习文字的,是官吏群体。居延、敦煌等遗址出土了不少识字教育专用字书(《急就篇》、《苍颉篇》)的摹写断片,这些是官吏们练习文字的明证。

"学童最初必须记住的文字,是刑罚名称吗?"(旧版)已经提到了这个问题,这里再作进一步探讨。

习得文字、文章以及书体,分如下几种情况:

(A) 习得文字

ⅰ　掌握尚不知晓的文字

(B) 习得文章

ⅰ　为了记住书本上的文句,通过书写来记忆

ⅱ　习得文体、文章的书写方法

(C) 习得书体

ⅰ　为了写出漂亮文字(书体)而反复练习

ⅱ　习得某种特别的书体(书法)

ⅲ　针对一些文字,习得不同书体(例如:以草书体练习隶书体的文字)

(A)—ⅰ,即识字练习,是为了能够读写文字所做的练习;(B)和(C)不同于识字,是为了掌握已识文字的用法和写法所做的练习。《急就篇》削片对应的是(A)—ⅰ的场合,不过它是一种誊写识字书的练习,目前尚未发现那种专取繁难字、反复书写练习的习书简。就(B)而言,边境出土简牍之中,典籍简数量很少,少数出土的书籍简性质不明,究竟是阅读用的书籍还是(B)—ⅰ、(B)—ⅱ之类的习书简,无从确知。关于(A)和(B)两类习书简,以后再找机会探讨,这里想重点关注(C),因为(C)类习书简里包含了书写漂亮文字的意图(而且能够确认)。

如下所示的习书简,在居延、敦煌出土数量庞大。

(1) 程程程程程律令令令律令令令　　　　　　32·12B

（2） 令令 516·35A

（3）□钱六百凡盗千九百□六百□□百令史忠谨谨道上

　　□奈何　　　　　　丈人

　　　　　　　　　　张隧卿

　　□□□以邮邮不不不律令令　　令谨道张游卿

　　　　　　　　　　　　　　E. P. S4. T2：53A

　　　　　　　□

　　到□到到□□到到已到北到北部□□□

　　　　　　　□饭饭□到北部　　E. P. S4. T2：53B

（4） 令令令令 D2388A

（5）敢敢敢敢敢敢敢言之之之 214·45

（6）□□欣伏□言之之移 E. P. T51：83B

（7） 事敢言之之之敢言之谨使 E. P. T52：286

（8）始建国天凤六年三月丁酉第十候长敢言之之之之之之之旦今旦 E. P. T59：333

（9） 教教教教教 507·2A

（10） 各行行法法法 4·13B

（11）···□掾史治······　刺史治所

　　将□　传舍以邮行行行其传舍以邮行 24·3

（12）居居

　　居居居

居居居居 E. P. T48：130B

（13）以以以以以以以以以以以以以以以以以以以以以以以以以以以以以以以 45·10B

（14）建初初初建言言言为言为言言为言 552·1

（15）承诏诏　　　　　　　　　　　　　24・8B

（16）使使拜拜　　　　　　　　　　　265・16B

（17）　教教教教教　　　　　　　　　　507・2A

（18）光光

　　　■永光二年　　永光二年八月八月

　　　　光光永　　　　　　　　　E. P. T51：163A

（19）永光二年　光　光　光

　　　　　状　地　掾利　亲

　　　敢言之持再拜请　再　拜　再　　　E. P. T51：163B

（20）　史史令史史史史史　　　　　　　158・12

（21）史史史史　　　　　　　　　　E. P. T49：53B

（22）　簿共簿簿簿簿簿日　　　　　　　479・14

（23）大煎都始建国天凤元年十月凤尽尽尽十二月己巳兵簿

簿簿簿　　　　　　　　　　　　　　　D187

　　　（24）守守守守守　　　　　　　　　　　67・12

以上列举 20 多例习书简，就是为了揭示习书的倾向。首先需要指出的是，(A)类习书简，即那种为了掌握新字而反复练习的习书简，未在其中。以上习书简上的练习文字，均非特难文字，大都是简单常用字。"敢言之"、"言"、"令"、"史"、"簿"、"教"、"守"、"以"等，都是书记官在文书常套句中常用的字词（补图 5）；习书简(12)（补图 6）写的是书记官机关所在地"居延"的"居"字；(14)(18)(19)（补图 7）是年号习书，"年"字悬针；(11)（补图 8）所见"以邮行"、"以亭行"是文书递送方法的表记。练习这些文字，绝不是为了文字记忆。那么，其目的在于类型(C)—ⅰ所谓写出漂亮文字吗？也不是。为什么习书集中于特定文字,而且是行政文书中的特定关键词? 与上文有关悬针的考察一样,我认为从习书文字的偏倚来看,这样的习书活动并不是为了书写漂亮文字所做的练习,而是旨在取得行政文书中特定文字的渲染技巧所做的修磨,其目的对应的是(C)—ⅱ——习得某种特别的书法。

补图 5　　　　　补图 6　　　　　补图 7　　　补图 8

（三）见于木简的草书

居延汉简、敦煌汉简里,不仅有隶书文字,也包含有草书文字。更确切地说,文书、帐簿的正本,大都以点缀波磔、悬针的隶书来书写。确如赵壹所言，草书只是仓促书写之际的速笔，甚至称不上书体，这从 E. P. F22：82、E. P. F22：56A/B 等简上有一目了然的反映。

E. P. F22：82（补图 9），其隶书部分是城北候长匡提交给上级机关甲渠候官有关所属燧长生病的报告书（病书），甲渠候官受理、保管报告书时，写下"今言府请令就医——今联系都尉府申请就医"的批字，这部分用的是草书。

E. P. F22：56A，是居延县令发给甲渠候官的人事变动文状，简牍背面（E. P. F22：56B）（补图 10）以草书速笔写着："甲渠此书已发——甲渠候官已打开文书，并送往相应机关。"与上简一样，由于是注记文字，所以率意书写。

507·2A（补图 11）是"教"的习字简。练习者从草书到隶书进行练习。一般是由正书到草书，由整至乱。逆向而为，或许意味着草书毕竟是草成的书体，由草成书体到端正书体应是练习的方向。作为一种推测，最先写下的草书"教"字，也许属于试笔吧。

  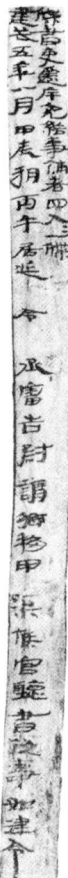

补图 9　　　补图 10　　　补图 11

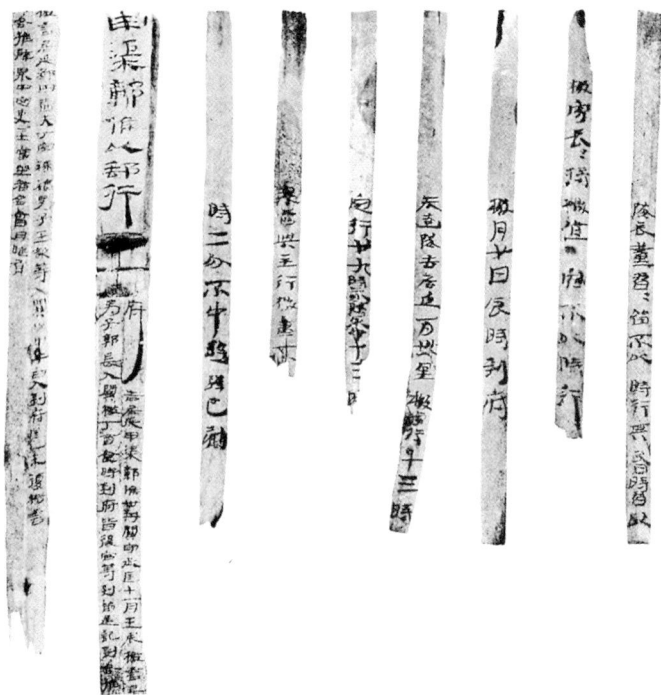

补图 12

E. P. T22：151AB 和 E. P. T22：126～150（补图 12）属于系列文书。E. P. T22：151 是送达文书的原本，E. P. T22：126～150 是针对前者、回复上级机关文书的副本。对两者进行比较，可以清楚地看到，相对于 E. P. T22：151 的工整隶书，另一方是隶书与草书的混成书体。后世所谓"草隶体"也是类似这样的混成体。然而必须虑及的是，"草隶体"内含了一种对于美学价值的追求，而上述简牍的混成书体不过是疾笔速成的东西而已。由以上例证可见，草书简最初追求的是快速书写，草书是隶书的散体，其中并无书写优美草书的意向。

Ⅲ　由行政文书到书法艺术

行笔至此,再来看看"史书"的意味。"史",言指令史,即书记官。书记官是书写文书的下级官吏。这种场合的书写行为,既包括书写上级机关下发的命令书,也包括下级机关上报的报告书,两种场合都需要撰制原件和副本。此外,还有帐簿之类行政文本的书写。文书行政的实现,的确有赖于书记官这一职务的角色与特点,然而行政文书拥有自身特定的规格和统一的体裁。它不仅在于书式,而且在于书体。

第一章介绍了张家山汉律的《史律》,与史书并列的,还有"卜书"。与占卜匹配的书法即是"卜书",由于后来八体(六体)中不见与卜书相关的书体种类,所以卜书应该并不等同于"占卜书体"。同样,行政文书拥有与之匹配的书体。而适当运用悬针、波磔,以隶书完成的特有书法(不单指书体,还包含针对书写物设定的特殊书写方法,故而称为"书法"更加恰当)被称为"史书"。总之,隶书并不等同于史书。"史书——令史(书记官)的书法",是指与隶书体行政文书相匹配的书法,是能给文书整体带来一种视觉效果、给公文书加持一种威信力和震慑力的书法。"善史书",言指拥有撰制这种文书的卓越技巧。

此外,悬针、波磔集中于特定文字、文书中的关键词,是否在这些文字上运用悬针书法,取决于书写者的意愿。在文书中的哪些文字上安排悬针与波磔,如何与其他文字相互配合,如何营造文书整体的视觉效果,这些都带有任意性,而这些又都关系到书记官撰制文书的技量。技量卓越,即所谓"善史书"。

那么,"善史书"是否意味着擅长书法艺术? 我的回答是否定的。说到底,史书是一种技术性的书法,书写者的意念中,并无追求书法艺术的志向,行政文书本身与书法艺术也没有直接的关联。书法艺术是在何处萌芽,在什么背景下开花的呢? 它是秦汉文书行政的伴生品吗?

书法艺术产生的要因之一,是东汉时期树立石碑的风潮。这一倾向在"草书"、"隶书"等用语登场的1世纪前后更为显著,其后造碑之风趋于隆盛。石刻始于以皇帝诏书为首的公文书的镌刻,不久其主流移变为个人颂德碑,在随处造立的石碑上,旨在增加文书震慑力的书写方式已经变得没有必要。在那里,命令转变为赞同和应和,相应的视觉效果也不再是行政威压,满足这种要求的,是那种富于魅力、悦人心目的书体和书法。我认为,正是在这个节点上,发生了公文书体向艺术书体的转变。还需指出,见于东汉文书碑上的悬针笔法,在个人颂德碑上了无踪影。

另一个要因,在于草书的属性。草书原本是以速笔为目的,作为隶书的散体而出现的。然而不久之后,人们开始把草书视作一种具有艺术价值的书体,这是因为草书本质上就蕴含着艺术性。

我认为,为平面描绘和书写的东西赋予美的价值,关键在于如何使平面作品拥有一种立体感。就书法艺术而言,首先可以通过线条的粗细与浓淡对文字进行三维的表现;其次,让文字具有跃动感、运动性,也可以实现立体性的建构。草书正可以发挥这种作用,且能给隶书施加影响。草书逐渐成为一种独立的书体,而且被赋予艺术的价值。与之相应,原本作为行政文书书体的隶书,自此被视为是与草书并立的书体,也具有了艺术的价值。具有碑文八分体那种跃动性的草书,追求一种富于规范书体的美。在书体相对化的基础上,书法艺术得以确立。

东汉时期石碑的盛行,作为拥有独立艺术价值书体的草书的确立,凡此种种,若无行政文书视觉价值的追求,就都不会发生。

我认为,所谓"善史书"对此已有所表达。上文提到的有关史书技巧的 3 个事例,讲的都是下级官吏的技能,而且似乎对于他们精于"史书"事实表现出否定的态度。史料①至③属于西汉中期武帝至宣帝时期的记载。时代下移,西汉末期至东汉,"善史书"这种说法,也会用于皇帝、皇后,变成了一种肯定、赞赏的评价。

④《汉书·元帝纪》

赞曰:臣外祖兄弟为元帝侍中,语臣曰:"元帝多材艺,善史书,鼓琴瑟,吹洞箫,自度曲,被歌声……"

⑤《汉书·孝成许皇后》

后聪慧,善史书。自为妃至即位,常宠于上。

⑥《后汉书·孝安帝纪》

恭宗孝安皇帝讳祜,……年十岁,好学史书,和帝称之。

⑦《后汉书·和熹邓皇后纪》

和熹邓皇后……六岁能史书,十二通《诗》、《论语》。诸兄每读经传,辄下意难问。

⑧《汉书·西域传》

楚主侍者冯嫽能史书,习事。尝持汉节为公主使,行赏赐于城郭诸国。敬信之,号曰冯夫人。

⑨《后汉书·顺烈梁皇后》

顺烈梁皇后讳妠,大将军商之女,恭怀皇后弟之孙也。后生,有光景之祥。少善女工,好史书。九岁能诵《论语》,治《韩诗》,大义略举。

⑩《后汉书·宗室四王三侯列传》

(敬王)睦能属文,作《春秋旨义》、《终始论》及赋颂数十篇。又善史书,当世以为楷则。

⑪《后汉书·孝明八王列传》

乐成靖王党,永平九年赐号重熹王。十五年封乐成王。党聪惠,善史书,喜正文字。

⑫《后汉书·章帝八王传》

帝所生母左姬,字小娥,……小娥善史书,喜辞赋。

以上④—⑫"善史书"的事例,包罗了西汉后期至整个东汉的相关记录,没有一则是否定的评价,无一例外。其中,"善史书"=下级官吏之技的意味变得非常稀薄,而是作为应学的教养被提出。这是因为,"善史书"不再言指行政文书技巧性的书法,其关联含义已经变为了优美的隶书书体。在这里,史书的语义也从"与行政文书相匹配的书体"转变为"行政文书所使用的,进而一般化的隶书体"。

书法艺术,是在文书行政的发展过程中,于其边缘产生出来的艺术。东汉初期书法艺术确立,"隶书"、"草书"等书体名称随之登场。这是我的结论。

我自己并无书法艺术的实践经验,与书法界也无频密交流,或许不具备谈论艺术的资格。因此不知以下设问是否妥当,只是想从木简、竹简研究的立场谈谈下面的问题。

木简、竹简,特别是居延汉简和敦煌汉简,是下级书记官撰写的行政文书,其中所见草书大都是草率书写的速记性的文字。不仅是草书,即便就隶书文字而言,书写者具有书写优美文字的意识吗,抑或具有以优美文字为范本的意识吗? 我的回答是否定的。在本章开篇,我谈到书法艺术有两个成立要件:书写优美文字的主观美学意识;模仿他人漂亮字体的客观美学意识。在这个意义上,在隶书、草书之类字体名称尚未出现的西汉时代,即居延汉简、敦煌汉简的时代,我所说的书法艺术还未确立。

王羲之的书法具有高度的艺术性,以之作为范本临摹练习,努力习得与王羲之书风相似的笔体,这就是书法艺术实践。王羲之自身也追求笔墨之美,同时代的人们则一致赞赏、争相模仿王羲之的书风。

然而,木简文字如何呢? 前文已经重复讲过,居延汉简文字是下级吏员的机关文书,下级吏员们既无艺术自觉,也无艺术志向。在那种环境下书写的文字,果真可以成为书法的范本吗? 诚然那些文字中的确呈现出运笔之妙、笔势之强、墨线之锐,但这毕竟是自然生成的无意识之美,将其作为范本,与模仿王羲之书法,是不能相提并论的。模仿优秀书家的文字,关注文字艺术性的同时,还应理解书写者的精神意识和思想观念。

另外,拙稿还提到,悬针、波磔是文书的技巧,旨在为文书加持一种威严感。那么,对于悬针的模仿,能说是一种对于庄肃书体的模仿吗? 书家希望呈现悬针特有的威压感吗? 既然汉字是表意文字,其书体关联着表意性的表现,那么书法艺术就不可能与表现对象的表意性毫无关联吧。换言之,与文字包含的意味、书体赋予的字义表象等等无关联之处,才是书法艺术追求的居所吗? 在此,我们遇到了书法艺术、书道的根本问题。

增补新版　后记

　　本书旧版出版于 10 年前的 2003 年。在我的著作当中，本书旧版得到了较高的评价，出版之后，报纸和杂志屡有书评积极推介，出版社为此对本书做了再版重印。

　　另外，旧版还出有韩国语版（四季节出版社）和中国语版（人民出版社），中译本在中国被采用为大学教科书，时隔不久即得到再版。中国报章的图书推荐栏目还对本书进行了介绍。

　　收获这些反响，我由衷感到喜悦。

　　就我自己的简牍研究而言，本书旧版出版之后，我整理总结新的知见，2010 年在名古屋大学出版会出版了《文书行政的汉帝国——木简竹简的时代》一书。这并不是一本面向一般读者的读物，而是一部专业论著，是对自己简牍研究所做的一次阶段性总结。

　　旧版告罄之际，编辑部的杉田守康先生向我转达了推出新版的计划，而且允许我对旧版做若干增补。于是，我决定追加两编，分别论述旧版未能充分探讨的简牍长度之确立、简牍与书法艺术这两个问题。这些内容实际上是《文书行政的汉帝国》已经阐发的论见，本书新版面向一般读者对之做了些许调整。

　　已经历 10 年岁月的旧著，或许需要进行全面的修订，但考虑

到新版是对旧版追印以及我之前的精力投入,因此采用了这样的
体裁,还望谅解。

2014 年夏　富谷　至

增订本说明

　　冨谷至教授《木简竹简述说的古代中国》一书的中译本，于2007年由人民出版社推出了初版。6年之后，江苏人民出版社出版了这部书的姊妹篇——《文书行政的汉帝国》。正如作者自己所说，前者侧重的是文化史，后者则着眼于制度史。两部中文译本面世之后，在学界获得了诸多赞誉，同时也有不少同仁在相关网络平台上留下阅读感想，其中关于译稿，既有鼓励的话语，亦有商榷的言辞，对此，作为译者的我由衷感谢，也非常欣喜，因为在轻阅读、浅阅读盛行的后纸本时代，一部简牍学译作能够吸引人们逐章逐句地精读与吟味，这的确让人感到幸甚。

　　时至今日，《木简竹简述说的古代中国》中译本初版发行已有13年，这期间，冨谷教授及其学术团队的简牍研究也有推进，对原译本进行修订已十分必要。3年前，承蒙中西书局厚意企划，增订本的筹备进入日程。增订本在保留原书内容的基础上，另外追加了"补论"，"补论"由"简牍长度与文书行政"、"汉简的书体与书法艺术"两部分组成，旨在对原书言犹未尽和有待详考之处进行充实完善。另外，旧版中译本的部分图片系译者与编辑另行追加，在新版中，我们仅保留日文原著所附图片，使新版译本回归原著初始的图文关联状态。我们相信，新版必定会以更好的面貌呈现给读者。

　　在新版即将推出之际,在此谨向中西书局吴志宏、李碧妍等老师致以诚挚的谢意!

宁波大学人文与传媒学院历史系　刘恒武

2020 年 3 月 26 日

.